La Vie économique

Questions essentielles

Par Frédéric PASSY

Bibliothèque Larousse

La Vie économique

HUITIÈME MILLE

PRINCIPAUX OUVRAGES DE M. FRÉDÉRIC PASSY

LEÇONS D'ÉCONOMIE POLITIQUE, 2 vol. in-8°. Guillaumin-Alcan (épuisé).

LES MACHINES ET LEUR INFLUENCE SUR LE PROGRÈS SOCIAL, in-12. Hachette et Cⁱᵉ.

LE PETIT POUCET DU XIXᵉ SIÈCLE; *Georges Stephenson et la naissance des chemins de fer,* in-12. Hachette et Cⁱᵉ.

VÉRITÉS ET PARADOXES, in-12. Ch. Delagrave.

POUR LA PAIX. *Notes et Documents,* in-12. Fasquelle.

UNE EXHUMATION; *Un Cours libre sous l'Empire,* in-12. F. Alcan.

PAGES ET DISCOURS, in-12. F. Alcan.

LES CAUSERIES DU GRAND-PÈRE, in-12. Alcide Picard.

ENTRE MÈRE ET FILLE, in-12. Fischbacher.

POUR LES JEUNES GENS, in-12. Fischbacher.

FEUILLES ÉPARSES. *Poésies,* in-12. Société française d'Imprimerie et de Librairie.

RELIQUIÆ (édition posthume des œuvres de Jacques Passy). 1 vol. in-8°. Société française d'Imprimerie et de Librairie.

HISTOIRE D'UNE PIÈCE DE CINQ FRANCS, in-8°. Alcan.

SOPHISMES ET TRUISMES, in-12. Giard et Brière.

PAR-DESSUS LA HAIE, in-12. Figuière.

Brochures sur diverses questions d'Économie politique et de Morale. F. Alcan.

Autres sur les questions d'Arbitrage et de Paix. — Au Bureau de la Société française pour l'Arbitrage.

La Vie économique

Questions essentielles

Par Frédéric **PASSY**

Membre de l'Institut

JE SÈME À TOUT VENT

Bibliothèque Larousse

Paris — 13-17, rue Montparnasse

PRÉFACE

Frédéric Passy.

O N prétend que les mourants, au moment de quitter cette terre, voient tout à coup reparaître devant eux, avec cette netteté et cette soudaineté dont nous avons le sentiment dans les rêves, le tableau complet de leur existence, de façon à prononcer eux-mêmes, bon gré mal gré, avant de l'entendre prononcer par une autre voix, le jugement que leur ont mérité leur conduite et l'usage qu'ils ont fait de leur séjour ici-bas.

Je ne sais pas dans combien de temps ce sera mon tour de faire, avec la clairvoyance incorruptible de l'heure suprême, ce redoutable examen de conscience; elle ne peut être bien éloignée. Mais, en l'attendant, puisque la mort semble vouloir encore me laisser quelque répit, je désirerais faire au moins un retour sur mon passé intellectuel et essayer de dégager, en termes tout à la fois simples et précis, ce qu'il y a d'essentiel, de sain et de vital dans les doctrines dites économiques et dans les théories sociales.

Ce n'est pas un livre, je me hâte de le dire, que je me

propose de composer, encore moins un traité didactique et
dogmatique; et je ne songe pas à annoncer au monde un
nouvel Evangile. Je tâcherai seulement, sans craindre de
me répéter quelquefois, pour me mieux faire comprendre,
de résumer aussi brièvement et aussi clairement que possible, en l'opposant à ce que je crois erroné et trompeur,
ce que je crois vrai, incontestable et salutaire parmi les solutions diverses des problèmes d'où dépendent la prospérité
ou le malaise des sociétés contemporaines. Ce sera, s'il
m'est donné d'y réussir, à côté de mon testament privé, qui
est affaire personnelle, mon testament d'homme et de Français, de patriote et de citoyen de la France et du monde.
Puisse-t-il n'être pas, dans sa naïve témérité, trop indigne
de ce caractère de haute et universelle utilité publique!

NOTE DES ÉDITEURS

*Cet ouvrage a été publié avant la Guerre. Aujourd'hui que son
auteur n'est plus et que la tourmente a passé, nous le rééditons
sans y changer un mot; car, les idées qu'énonçait Frédéric* PASSY
*sur les « problèmes d'où dépendent la prospérité ou le malaise des
sociétés contemporaines » sont toujours vraies: les grands principes
dont elles découlent sont éternels, les assises sur lesquelles elles
reposent sont immuables.*

La Vie économique

Questions essentielles

SAVOIR ET VOULOIR ✝ ✝ ✝ ✝ ✝
CELA S'APPELLE POUVOIR. — ✝ ✝
SAVOIR NE SUFFIT PAS ✝ ✝ ✝ ✝

A. GRATRY.

L'Homme dans le Monde.

◊ ◊ ◊

JETÉ nu et désarmé au milieu d'un univers inconnu, indifférent ou hostile, comment l'homme va-t-il pouvoir subsister? Il a en lui la vie, force active et capable d'agir autour d'elle. Mais cette force vitale se dépense par son exercice, et même sans s'exercer. Il faut, comme une eau qui s'écoule et tarit si elle n'est renouvelée, qu'elle s'entretienne, et elle ne peut le faire qu'aux dépens de son entourage. C'est ce qui a lieu. L'homme commence par s'emparer, pour s'en nourrir, des fruits sauvages, des graines, des végétaux, des animaux moins forts que lui. Contre les plus forts et les plus redoutables, comme contre les intempéries, il se met à l'abri dans le creux des rochers, sur les arbres; puis, imitant les animaux, ses compagnons ou ses rivaux, et profitant de la configuration de sa main préhensile, il se procure des armes et se fait des outils, pierres, bâtons, massues, épines, lances, flèches et arcs. Il essaye et compare les végétaux et les animaux dont il peut

ospérer se servir ; observe comment ils se renouvellent et
comment il est possible de les conserver et de les multiplier ; et,
peu à peu, se fait des abris de feuillage, de roseaux, de bois ou
de terre et de pierre ; se fabrique des vêtements de peaux, de
feuilles, de jonc ; gratte la terre, sème, récolte, emmagasine ;
apprend à domestiquer les animaux, à perfectionner les espèces
végétales, à s'emparer du poids de l'eau, de la force du vent,
de celle de la vapeur, du feu, de l'air, de la foudre elle-même et
de l'électricité qui la produit. Et finalement, tout borné et imparfait que reste toujours son pouvoir, il devient le roi et le maître
de ce monde extérieur qui semblait devoir à jamais l'écraser
et qui parfois encore, par de terribles retours, lui fait sentir
sa force impérissable.

Travail, application de la force humaine à l'utilisation ou au
désarmement des forces extérieures, tel est donc le secret de
la durée et du développement de l'espèce humaine sur le globe.
Tout vient du travail et de l'utilisation de ses résultats. C'est
ce que nous appelons la production. Production, non pas
création, bien que souvent nous employions ce mot (rien ne se
tirant de rien), mais transformation, appropriation, mise au
point, ou, comme le dit le mot lui-même, mise au jour des
utilités latentes dans les choses. Œuvre immense, œuvre sans
fin, pour laquelle il faut d'abord observer, puis imiter, savoir,
puis vouloir ! En sorte que tout est pensée et effort.

Cette tâche, qui comprend toute l'existence de notre race
sur la terre, se compose de plusieurs périodes et prend plusieurs
formes. Il faut, au début, quand on sait ou croit savoir que
telles ou telles choses peuvent être utiles, s'en emparer :
cueillir le fruit, ramasser la pierre ou le bois, pêcher le poisson
ou abattre le gibier. Il faut, ensuite, de ces choses appréhen-
dées, faire usage en les adaptant à nos desseins, façonner le
bois, la pierre ou la terre, débarrasser le sol des broussailles,
des végétations parasites, des eaux stagnantes ; le dresser, le
fouiller, le labourer, lui confier et soigner les plantes et les
semences qu'on veut lui faire nourrir, et, d'un espace inculte
ou d'un fouillis stérile, faire un champ, un bois ou un jardin.

Pour cela, il est évident qu'il est nécessaire de pouvoir
s'emparer de ce qui n'est à personne, et qui, par l'intervention
de la pensée et de la main humaines, va devenir à quelqu'un,
être *approprié*. Approprié dans deux sens, qui ne sont, en
réalité, que deux périodes ou deux aspects du même fait. Tout
est à tous, dit-on, dans l'état de nature, quand la main de
l'homme n'y a pas encore touché. A tous, oui, c'est-à-dire à

personne, comme les arbres de la forêt vierge, les mines cachées
et ignorées dans le sol, et, par conséquent, indifférent. A
personne, en ce sens que personne ne peut, au nom d'un droit
personnel, s'opposer à ce qu'un autre s'en empare. A celui
donc qui, trouvant les choses inconnues ou délaissées, neutres
en d'autres termes, s'en rend maître, parce qu'il a compris
l'usage qu'il en peut tirer, et leur fait subir, dans son intérêt,
les modifications ou façons qui les rendront utiles.

Travail immense, encore une fois, travail sans fin, mais travail fructueux s'il est accompli en conformité des lois naturelles
qui président à son développement. Ce sont les diverses formes
et périodes de ce développement qui, dans les chapitres qui
vont suivre, seront successivement étudiées d'une façon en
apparence un peu irrégulière et fantaisiste peut-être, mais
avec un sincère désir, et non sans quelque espérance, de
contribuer, en éclairant les problèmes vitaux de la vie sociale,
à l'amélioration matérielle, intellectuelle et morale de notre
pauvre humanité.

TOUT VIENT DU TRAVAIL. — LE TRAVAIL
EST LA LOI DE LA VIE HUMAINE.✝ ✝ ✝
IL EN FAIT LA BEAUTÉ ET LA MORALITÉ.

           LABOULAYE.

Le Travail.

◊ ◊ ◊.

LE travail est la loi de l'homme. Il est, à vrai dire, la
loi universelle. Les substances, minérales ou autres,
qui se combinent ou se dissocient, travaillent ; la plante
qui puise dans le sol, dans l'air ou dans l'eau les éléments de
sa croissance et de sa durée, travaille ; le soleil qui nous
envoie ses rayons vivifiants, travaille, et travaillent comme lui
les astres sans nombre qui parcourent, obéissant à la direction
suprême, les champs illimités de l'espace. Mais c'est plus particulièrement à l'effort de l'homme, appliqué à l'entretien ou à l'amélioration de son existence, par une action intelligente ou supposée

telle, sur les choses, qu'est habituellement réservé ce nom de travail. Et cette action peut être plus ou moins consciente, plus ou moins heureuse, plus ou moins efficace, mais elle est constante et s'exerce aussi bien dans les conditions les plus élémentaires de la vie sauvage que dans les conditions les plus savantes de la vie civilisée. Cueillir un fruit, ramasser ou arracher une racine, attraper un animal ou s'armer d'un bâton pour se défendre contre lui, c'est un effort, une dépense de force en vue d'un résultat, un travail. « Tout ce que nous possédons, » a dit Laboulaye, « nous le devons au travail, au nôtre ou à celui de nos semblables ». Le travail, c'est l'emploi de la vie ; et tout ce que cet emploi nous fournit est la représentation, imparfaite mais sacrée, de cet emploi de la vie. C'est la marque de la supériorité de l'homme sur les choses, l'incarnation en elles, par l'intermédiaire de sa main, de sa pensée et de sa volonté.

Le travail est donc une obligation, à la fois matérielle et morale ; c'est un exercice méritoire, quoique nécessaire, de notre liberté, et il ne nous est permis ni de nous y soustraire ni de l'imposer ou de l'interdire à nos semblables. « Dieu, en donnant à l'homme des besoins, en lui rendant nécessaire la ressource du travail, a fait du droit de travailler la propriété de tout homme, et cette propriété est la première, la plus sacrée, la plus imprescriptible de toutes. » Cette déclaration de Turgot sera éternellement vraie, et le devoir comme le droit de travailler restera toujours la loi de l'humanité.

Rien de plus faux, donc, et rien de plus injuste, que ce dédain du travail, répudié par les uns, qui croiraient s'abaisser en travaillant ; maudit par les autres, qui se croient humiliés parce qu'ils sont contraints à travailler. Rien de plus immoral que de considérer le travail comme un châtiment, un supplice ou une condamnation ; c'est un honneur et le signe de la grandeur de notre nature. Ce qui est une servitude, un abaissement matériel pour ceux qui le subissent, un crime pour ceux qui l'imposent, c'est le travail contraint, le travail esclave, vol de la liberté, vol de la vie, de la sueur, du sang, du temps et de la pensée, écrasement de l'homme par l'homme, calcul odieux et trompeur d'un égoïsme inintelligent, qui n'est pas moins fatal à l'oppresseur qu'à l'opprimé. « C'est l'esclavage, » a dit Rossi, « qui, en faisant du travail le lot d'hommes méprisés, a fait mépriser le travail et attaché au fait d'en être ou d'en paraître dispensé une menteuse apparence de supériorité. » Travail des mains, œuvre servile ; vivre noblement, vivre sans rien faire.

C'est presque l'inverse qu'il faudrait dire. C'est le travail
qui ennoblit et soutient, c'est l'oisiveté, mère de tous les vices,
à commencer par l'ennui, ce « grand hameçon du diable », qui
dégrade et qui pervertit ; c'est elle qui dévore au lieu de nourrir.
La rouille use plus que l'usage, et la clé qui sert est toujours
claire.

> TOUTE DOCTRINE OU TOUT ACTE QUI † †
> A POUR OBJET OU POUR RÉSULTAT D'AUG-
> MENTER L'EFFORT EST NUISIBLE ; TOUTE
> DOCTRINE OU TOUT ACTE QUI A POUR OBJET
> D'ÉCONOMISER L'EFFORT EST UTILE † † †
>
> Yves GUYOT.

La Loi du moindre effort.

o o o

'HOMME est un animal paresseux ; il cherche toujours à
éviter la peine. Or il n'a qu'un moyen d'y parvenir, c'est
de s'en donner davantage ; mais avec plus d'intelligence
et de prévoyance. Il prend la peine de semer et de labourer
pour avoir moins de peine à trouver sa subsistance. Il prend la
peine de se fabriquer un abri pour éviter la peine d'en chercher
un, au hasard, et de n'en point trouver. Il prend la peine d'asservir et d'apprivoiser les animaux et de se façonner des chariots
et des voitures pour avoir moins de peine à transporter les
objets et à se transporter lui-même. Il prend la peine de combiner et d'exécuter des appareils coûteux et compliqués, de
construire des ateliers, de monter des métiers, de mettre en
mouvement des machines, de couper des montagnes ou des
isthmes, pour s'épargner la peine de gravir les pentes ou de
transborder les marchandises. Et partout le résultat est iden-
tique : au prix d'un effort par lui-même improductif, augmenter
le résultat de l'effort productif ; donner pour avoir, faire
davantage pour avoir relativement moins à faire.

Ce sont là réflexions banales et faites depuis longtemps.
C'est le fond de mes conférences sur les machines et le résumé

de tout l'enseignement économique , c'est la formule du progrès pour tout être raisonnable, et, par conséquent, c'est ce que combattent ces idolâtres de la privation, de la souffrance et de l'effort, ces ennemis de toute amélioration de la condition humaine, qui s'appellent des « protecteurs du travail national » et qui ne sont que les adorateurs de la routine et les conservateurs de la misère et de l'ignorance.

J'étais une fois de plus frappé de ces choses en parcourant, il y a quelques années, l'Exposition de Liège. Et ce n'était pas seulement les grands et puissants engins de la machinerie des chemins de fer et des ateliers qui m'en donnaient la démonstration, ces gigantesques arbres de couche, ces roues formidables, ces irrésistibles laminoirs, ou ces ponts roulants qui transportent sans bruit et sans péril, au-dessus des têtes, des locomotives ou des canons. Ce n'était pas cette électricité qui, substituée ou associée partout et de plus en plus à la force de la vapeur ou à celle des animaux, des cours d'eau et du vent, accomplit silencieusement les plus rudes besognes. C'était une petite machine d'où, moi qui ne fume pas, je voyais avec admiration s'échapper, je pourrais dire s'écouler, un flot continu de cigarettes, qui, mises immédiatement en paquets, se vendaient, s'enlevaient au prix presque insignifiant de trente centimes les vingt-cinq.

Découpage et gommage du papier, dépôt, sur la petite feuille, de l'exacte quantité de tabac nécessaire pour chaque cigarette, enroulement de ce tabac dans la feuille immédiatement collée, formation enfin des paquets : tout, sans exception, accompli automatiquement, en dehors d'aucune intervention de la main humaine. N'est-ce pas, en petit, l'idéal : la suppression de plus en plus complète de l'effort, du travail musculaire, remplacé par l'action des forces naturelles, obéissant à la direction qui leur est donnée par l'intelligence ? C'est non seulement l'allégement, mais l'on pourrait dire la spiritualisation du travail. Et c'est cela que, toutes les fois qu'ils le peuvent, et par tous les détours que leur suggère une diabolique ingéniosité, les prétendus protecteurs du travail ne se lassent pas d'anathématiser et de contrarier.

Protecteurs du travail ? Oui, du travail inutile ou défectueux, du travail improductif, du travail pénal et, comme le disait Michel Chevalier, « pénitentiaire » : ennemis, ennemis acharnés du travail utile, du travail intelligent, du travail fécond, conservateurs de l'effort qui écrase et adversaires de l'effort qui soulage et qui récompense.

Nationale ou non, cette doctrine-là est une doctrine insensée et impie; c'est une doctrine de servitude et de famine. Et tu es assez naïf, mon pauvre Jacques Bonhomme, cent vingt ans après la Révolution de 1789 et la proclamation des Droits de l'homme, pour t'en laisser imposer le joug humiliant, et renoncer au premier de tous les droits, celui de faire de ton temps et de ton travail, ou de leurs produits, ce qu'il te convient!

« Quand le travail n'est pas libre, quand la vente et l'achat ne sont pas libres », disait le grand démocrate John Bright, « l'homme n'est pas libre ». « La première des libertés, disait de son côté Lamartine, c'est la liberté des dix doigts de la main. »

LA VALEUR EST LE RAPPORT ✝ ✝ ✝ ✝
DE DEUX SERVICES ÉCHANGÉS. ✝ ✝ ✝ ✝

BASTIAT.

Production.

◊ ◊ ◊

LE but du travail, c'est la production, c'est-à-dire l'obtention de ressources, de jouissances ou de forces que l'on n'avait pas. Mais ces ressources et ces forces au moyen desquelles il soutient ou accroît sa vie, avons-nous dit, l'homme les crée-t-il, à proprement parler, les tire-t-il du néant? Évidemment non. Les choses préexistent, avec leurs qualités et leurs propriétés diverses, et il n'est au pouvoir d'aucun être, quelque supérieur qu'on le suppose, d'y ajouter ou d'en retrancher un atome. Mais il peut, en usant plus ou moins heureusement des forces qui sont en lui, s'en emparer, si elles sont à sa portée, comme le fruit qu'il n'a qu'à cueillir, soit les aller chercher là où elles sont ou les en faire venir, par les soins de ses semblables, moyennant un service correspondant, soit en modifier les apparences, la forme, la consistance, les qualités et les actions ou réactions, de façon à en faire, en réalité, des choses nouvelles et à faire apparaître, sans que rien au fond ait été changé dans l'essence intime de la substance, des corps différents, doués de propriétés, bienfaisantes ou malfaisantes, jusqu'alors latentes. Déplacer, combiner, décomposer, c'est-à-dire, encore une fois, faire apparaître, c'est, en fin de compte, à cela que se réduit ce qu'on appelle la production, et tel est précisément le sens primitif, le sens étymologique du mot. Produire, c'est tirer de l'ombre à la lumière, amener, présenter. La moisson de l'année prochaine existe en puissance dans le blé de la dernière récolte. Je mets ce blé en terre pour qu'il lève et mûrisse ; je le produis. La houille est enfouie dans le sol, je l'en tire et la livre à l'industrie ; je la produis. Le feu est enfermé, avec la lumière, dans les corps combustibles ; je l'en fais jaillir ; je le produis. Le coton, la laine, le caoutchouc ne se trouvent que dans des régions éloignées de celle que j'habite. Je les en fais venir en allant les y chercher, ou en rétribuant par un service équivalent les services que me rendent ceux qui m'évitent un déplacement personnel; je les produis. Avec du métal, je fais des outils, avec du bois des meubles, avec des pierres et du plâtre une maison, avec des textiles des étoffes ; je les produis. Et ces choses, quelles qu'elles soient, n'étant amenées à l'état nouveau que je leur donne que par une série de travaux, par une dépense de temps et de peine, il est naturel, lorsqu'elles sont arrivées à l'état définitif sous lequel je me propose de les vendre ou de les employer à mon usage, que je trouve dans le service qu'elles me rendent, ou dans le prix des services qu'elles rendent aux autres, l'équivalent de ce qu'elles m'auront coûté et, comme on dit, le remboursement de mes frais de production. Si, d'une manière générale, il en était autrement; si, faute d'acquéreur, et d'acquéreur disposé à m'indemniser de mes débours et de ma peine, mes produits me restaient pour compte, je me garderais bien, évidemment, de recommencer, et j'exercerais dans une autre direction mon activité, ou me condamnerais au repos.

Les choses, donc, ne valent point par elles-mêmes, par leur nature et indépendamment de l'intervention de l'homme. Gratuites, sauf la peine de les appréhender, aussi longtemps que la pensée et la main de l'homme ne les ont point touchées, elles valent, c'est-à-dire elles ne peuvent plus être cédées par leur possesseur et acquises par un autre que moyennant remboursement, à ce possesseur, des sacrifices qu'il a dû faire pour s'en emparer et les modifier. Et il en est ainsi parce que nous sentons que notre temps, notre peine, notre intelligence, qui sont des manifestations et des dépenses de notre vie, de notre personne, ont de la valeur. Bien des éléments, en fait, entrent dans la détermination de cette valeur: la dépense réelle effectuée par le détenteur des objets ou par ses auteurs, la rareté ou l'abondance qui, suivant les circonstances, les rend plus ou moins faciles ou difficiles à obtenir, des considérations d'opinion, de fantaisie, de caprice, qui feront une même chose plus ou moins désirable et précieuse à telle personne ou à telle catégorie de personnes. Mais toujours, bien ou mal appréciée, c'est avec l'utilité qui leur est attribuée, la peine ou dépense, réelle ou supposée, qu'a exigée ou qu'exigerait la recherche, la découverte ou la façon de la chose désirée qui en motive la valeur. Et c'est le prix plus ou moins haut ou bas qu'il est permis d'en espérer qui, pour les objets de grande consommation surtout, en règle, c'est-à-dire en active ou en ralentit la production.

DE QUOI EST-CE QUE LA FRANCE PRODUIT TROP ?..... LA VÉRITÉ EST QU'ELLE NE ✝ PRODUIT PAS ASSEZ, ET C'EST POUR CELA QU'ELLE EST PAUVRE.... ✝ ✝ ✝ ✝ ✝
Michel CHEVALIER.

LES NEUF DIXIÈMES DE LA POPULATION DU GLOBE NE MANGENT PAS A LEUR FAIM.
Jacques NOVICOW.

Surproduction.

◊ ◊ ◊

La France produit trop, disaient, il y a trois quarts de siècle, quelques grands industriels Français, désireux de voir fermer plus étroitement à leurs concurrents Anglais ou Belges l'accès du marché national, de NOTRE marché, comme ils l'appelaient. Et de quoi, leur répondait M. Michel Chevalier, la France produit-elle trop ? Est-ce du blé ? Il y a des Français par centaines de mille qui n'ont jamais mangé de pain ; et il y en a des millions qui n'en mangent pas à leur faim. Est-ce du vin ? Il y a des Français qui en boivent trop, à certains jours au moins, peut-être parce qu'ils n'en boivent pas assez tous les jours ; mais il y en a bien davantage qui voudraient en avoir habituellement, à un prix abordable, et qui ne seraient pas des ivrognes. Est-ce de la viande ? Combien de Français n'en mangent que rarement et en trop petite quantité pour la dépense de force qu'ils sont obligés de faire! Est-ce des vêtements, des meubles, des ustensiles de ménage? Un certain nombre de Français et de Françaises, assurément, sont bien logés, bien vêtus, garnissent leurs habitations de beaux meubles et d'objets de prix; mais combien végètent dans des taudis sans jour, sans air, sans confortable et sans nécessaire! Et qu'est-ce donc que la pauvreté, à plus forte raison la misère, sinon la rareté ou l'absence des choses utiles ou indispensables à la vie? La vérité, c'est que la France, quoique moins pauvre que d'autres nations, est pauvre, très pauvre. Et elle est pauvre parce qu'elle ne produit pas assez, ou parce que, gênée par des mesures qui l'empêchent de demander aux autres nations ce qui lui manque, elle est réduite à ce que peuvent lui fournir directement l'exploitation imparfaite de son sol et le labeur de ses bras. La production de la France s'est accrue, depuis trois quarts de siècle, grâce aux progrès de la science, de l'industrie et du commerce, et il en a été de même dans le reste du monde. Il s'en faut cependant que la pauvreté, que la misère même, aient disparu. Et s'il est excessif peut-être de dire, avec le savant Russe Novicow, que les neuf dixièmes des habitants de la terre ne mangent pas à leur faim, il est incontestable que c'est le cas d'un trop grand nombre encore, et que l'humanité, dans son ensemble, ne produit pas assez.

Il y a pourtant, dit-on, dans les différentes branches d'industrie, des producteurs qui ne trouvent pas à vendre leurs produits à un prix convenable; il y a des moments où le blé reste dans les greniers, les étoffes en magasin, les meubles chez l'ébéniste et le vin chez le vigneron. Oui; mais est-ce par hasard qu'il n'y ait alors personne à qui ces objets fassent défaut et manque-t-il de gens qui seraient bien aises de pouvoir se les procurer? Ce qui leur manque, ce n'est pas le désir, c'est le moyen de les acheter. Et ce moyen, ce serait du travail, dont les vendeurs auraient l'emploi, ou d'autres produits, à échanger contre ceux qui leur font défaut, ou de l'argent, obtenu en échange de leurs produits ou de leur travail. Ce n'est pas l'acheteur qui manque, c'est la possibilité d'acheter.

Ce n'est pas la surproduction qui pèse sur le marché, c'est l'insuffisance de la production correspondante, ou la difficulté de mettre l'offre du marché national en rapport avec l'offre du marché étranger.

En fin de compte, il n'y a pas, et il ne saurait y avoir, surproduction générale, surabondance partout et de tout. Mais il y a souvent rupture d'équilibre, engorgement partiel sur tel ou

tel point, parce qu'il y a manque de circulation et de consommation, c'est-à-dire de moyens de consommer, sur d'autres points.
Supprimez les arrêts artificiels, les entraves au travail et aux
échanges ; laissez chacun travailler, vendre, acheter et consommer sans obstacles ou faveurs légales ou administratives, et
tout s'équilibrera au bénéfice de tous.

C'EST L'IMPUISSANCE DE CHACUN QUI FAIT
LA PUISSANCE DE TOUS...... CHACUN, SE
BORNANT A UN MÉTIER, TROUVE SON COMPTE
A TRAVAILLER POUR LES AUTRES. ✝ ✝ ✝
PLATON.

Division du travail.

◊ ◊ ◊

DANS l'état d'isolement, à supposer qu'il soit possible,
l'homme serait son seul ouvrier, son seul fournisseur
et son seul client. Il ne produirait que pour lui-même,
et nul autre que lui ne profiterait de son travail. Il
réunirait en lui tous les genres d'industrie dont il pourrait
avoir besoin, je veux dire tous ceux qu'il serait en état d'exercer,
et le nombre, assurément, en serait restreint, car comment,
à soi seul, se livrer à beaucoup d'occupations diverses et
trouver pour chacune le temps d'y faire quelques progrès? Dans
l'état de société, à des degrés divers, à mesure que cet état
se complique et que le nombre des membres augmente les
occupations se multiplient et se diversifient, et, en se diviver-
sifiant, se perfectionnent. Chacun, ne faisant plus qu'un certain
nombre de choses et les faisant plus habituellement, y devient
plus habile ; il acquiert, par l'habitude, une adresse, une facilité
qu'il ne se serait pas soupçonnée, imagine des procédés, des
outils, des combinaisons, des tours de main nouveaux, et, travaillant, non plus pour lui seul, mais pour les autres qui, de leur
côté, travaillent pour lui, produisant, par conséquent, plus
en grand et pouvant perfectionner son installation et son
outillage, se voit amené, forcé, en quelque sorte, à produire
mieux et à meilleur compte.

C'est ce qu'on appelle la division du travail, division qui est,
en réalité, une union ; division des tâches, union des efforts et
partage des résultats. Le cultivateur sème et récolte pour des
consommateurs qu'il ne connaît pas ; le maçon construit pour le
cultivateur et pour d'autres ; le carrier, pour eux, extrait la

pierre, que le voiturier transporte ; le tisserand, pour tous, connus ou inconnus, tisse son étoffe, et, pour tous de même, le mineur extrait la houille, le bûcheron abat le bois, le charpentier le débite et le menuisier le façonne. Si bien que, le sachant ou ne le sachant pas (ce qui est inexcusable), nous sommes à toute heure les serviteurs les uns des autres et mettons à contribution, pour la moindre de nos satisfactions, tous les climats, tous les sols, toutes les races d'hommes, les sueurs des uns, les veilles des autres, la physique, la mécanique, la chimie, le vent, la vapeur, le poids de l'eau et la puissance de l'électricité. Le *plum-pudding* lui-même, a dit une Anglaise intelligente, suppose une division du travail qui confond l'imagination. Il y a, effectivement, une fraternité des choses, une communauté des besoins des travaux et des satisfactions qui devrait nous rappeler à toute heure la fraternité des personnes ; et, si nous étions justes, nous ne mangerions pas un morceau de pain, nous n'endosserions pas un vêtement, nous ne goûterions pas une satisfaction sans adresser, dans le fond de nos cœurs, un remerciement à nos frères inconnus qui ont travaillé pour nous et à la loi suprême de solidarité qui nous unit.

Et nous sentirions redoubler en nous, par un redoublement de bonne volonté, le besoin de payer aux autres la dette de notre gratitude.

C'est cette fraternité des choses, enseignant la fraternité des hommes, qu'a admirablement bien chantée notre grand poète Sully Prudhomme, dans ces vers qui mériteraient d'être dans toutes les mémoires :

LE SONGE

Le laboureur m'a dit en songe : « Fais ton pain ;
Je ne te nourris plus, gratte la terre et sème. »
Le tisserand m'a dit : « Fais tes habits toi-même. »
Et le maçon m'a dit : « Prends la truelle en main. »

Et seul, abandonné de tout le genre humain,
Dont je traînais partout l'implacable anathème,
Quand j'implorais du ciel une pitié suprême,
Je trouvais des lions debout dans mon chemin.

J'ouvris les yeux, doutant si l'aube était réelle.
De hardis compagnons sifflaient sur leur échelle ;
Les métiers bourdonnaient, les champs étaient semés ;

Je connus mon bonheur et qu'au monde où nous sommes
Nul ne peut se vanter de se passer des hommes ;
Et depuis ce jour-là je les ai tous aimés.

OUI, TOUT EST A TOUS LES HOMMES, COMME
TOUS LES MOUCHERONS QUI VOLTIGENT
DANS L'AIR SONT A TOUTES LES HIRON-
DELLES. MAIS QUAND UNE HIRONDELLE EN
A ATTRAPÉ UN ET QU'ELLE LE TIENT DANS
SON BEC, IL EST A ELLE.... ✝ ✝ ✝ ✝ ✝
                                    QUESNAY.

La Propriété.

◊ ◊ ◊

UN simple fait, insignifiant en apparence, en dit souvent
plus, quand on sait y réfléchir, que de longs raisonnements.

. J'étais, en 1865, avec ma famille, à table d'hôte, dans je
ne ne sais plus quelle ville, Dijon, je crois. Un plat de pommes
de terre, de très bonne apparence, circulait, commençant à se
rapprocher de nous. Il était pour l'instant aux mains d'un jeune
sous-lieutenant, fort poli et bien élevé, mais de bon appétit, qui
s'en adjugeait une part respectable. « Pas tout, soldat, prends
pas tout ! » s'écria subitement une petite voix d'enfant. C'était
celle d'un de mes fils, âgé, alors, de quatre ans, qui aimait les
pommes de terre et craignait de ne pas en avoir sa suffisance.
Voilà, me dis-je, dans sa naïveté, l'un des sentiments qui expli-
quent et, dans une certaine mesure, justifient les attaques contre
la propriété et ces théories communistes, qui ne peuvent naître,
suivant beaucoup de gens, que dans des cerveaux détraqués et
des cœurs pervertis. Elles ont séduit cependant, il faut bien le
reconnaître, de grands et nobles esprits, des Platon, des Féne-
lon, des Thomas Morus, des Tolstoï, en même temps que des
Anabaptistes, des Muncer, des Jean de Leyde et des Égaux
comme Babeuf.

« Instinct grossier de révolte et de pillage, déchaînement des
appétits et de l'envie ! » disent les irréfléchis et les peureux,
qui ne songent qu'à défendre leur caisse ou leur lopin de terre
et ne se sont jamais demandé ce que peut exciter de réflexions
amères, dans les âmes ulcérées, le contraste de la misère des
uns et de l'abondance des autres. Oui, envie et révolte chez
certains, chez beaucoup peut-être ; envie et révolte entretenues
provoquées trop souvent, par le dédain et la dureté de ceux

qu'ils considèrent comme les heureux du monde. Idées fausses surtout, provenant d'une ignorance excusable des conditions dans lesquelles se forment la richesse et d'une déviation du sentiment de justice plus ou moins enraciné au cœur de tous. « Comme il n'y a que très peu pour tous, » écrivait un jour un homme, pénétré pourtant d'admiration pour la science économique, « l'admirable science du pain », le Père Gratry, « celui qui a beaucoup est dans l'injustice. »

« Celui qui a beaucoup », me permis-je de lui répondre, « est dans l'injustice quand sa part a été grossie aux dépens de la part des autres. Il est à l'abri de tous reproches, il est respectable et bénissable quand sa part n'est grosse que parce qu'il a produit lui-même beaucoup et a ajouté à la fortune publique en faisant sa propre fortune ». Là, est le véritable nœud de la question. Si vous croyez (et beaucoup malheureusement le croient, oubliant tout ce qu'ils ont vu surgir sous leurs yeux de ressources nouvelles, de richesses insoupçonnées, d'accroissements de la fécondité des mains, des esprits et des cœurs), si vous croyez que les moyens d'existence préparés pour l'humanité sont une quantité déterminée et invariable, il est clair que celui qui a beaucoup ne peut être mieux partagé que parce qu'il a détourné ou usurpé une partie de ce qui devrait revenir à ceux qui ont peu. Si, au contraire (comme cela est la vérité, et comme je crois l'avoir démontré dans nombre d'autres pages) le lot primitif de l'humanité, la communauté à laquelle on fait allusion, lorsque l'on dit avec Rousseau, que « les fruits sont à tout le monde et que la terre n'est à personne »; si cette communauté de l'enfance du genre humain est une communauté de dénûment, de faiblesse et de souffrance, comme l'est, pour chacun de ses membres, cette enfance impuissante et débile dont il ne sort qu'en se constituant lentement ses organes et son intelligence, alors il en est autrement. Tout, sans doute, au début, a été offert et proposé à tous[1]. Tout — je l'ai déjà dit; mais il n'est pas inutile de le répéter — est à tout le monde, en ce sens que rien n'est à personne, et que, dès lors, ce qui n'est à personne pouvant être appréhendé sans faire de tort à autrui, chacun peut, par son travail ou son intelligence, s'approprier, en

---

1. Voir : *Leçons d'économie politique*, tome premier ; les quatre *Leçons sur la propriété et l'Hérédité*. Voir également dans les *Conférences d'économie industrielle* (Hachette) mes deux conférences sur les mêmes sujets, et ma brochure *Communauté et Communisme* (Alcan).

l'appropriant à ses besoins, une part bien modeste d'abord de
ce domaine vague. Mais lorsque cette appropriation, qui n'a rien
pris à personne, qui a fait connaître par quelques-uns de ses
côtés la valeur et la puissance du travail, a fait apparaître,
c'est-à-dire a produit, des utilités, ces utilités appartiennent à
leurs auteurs, et représentent pour eux une portion de l'emploi
de leur vie, de leur activité, de leur personne; elles sont, en
quelque sorte, personnalisées, et ne peuvent plus leur être
enlevées sans une injustice qui découragerait de les imiter et
de chercher à combattre le dénûment primitif tous ceux qui en
seraient témoins.

« La terre, a dit Rousseau, n'est à personne et les fruits sont
à tout le monde ». Soit; mais cette terre qui n'est à personne, n'a
de valeur pour personne; et les fruits, s'il y en a, et s'ils ne sont
pas trop amers, ne peuvent encore être à quelqu'un qu'à la
condition d'être obtenus d'abord au prix d'un effort, qui n'est
pas toujours sans mérite. « Tu me demandes le fruit que j'ai
cueilli, l'œuf que j'ai déniché, le poisson que j'ai pris, en me
disant que tout est à tout le monde », répondra, et a répondu
toujours le sauvage auquel un autre sauvage prétendait disputer sa capture : « C'est mon temps, c'est-à-dire une portion de
ma vie, que tu veux me prendre. Tu veux avoir sans peine ce
qui m'a coûté de la peine. »

Un groupe d'hommes occupe en commun un territoire. Ils y
vivent misérablement de ce que l'on a appelé de nos jours les
droits primitifs : chasse, pêche, cueillette ou pâture. L'un d'eux,
ayant remarqué comment certaines graines comestibles se
reproduisent, a l'idée de gratter un coin de terre et de l'ensemencer. Enlève-t-il, en s'appropriant, c'est-à-dire en appropriant à l'entretien de l'existence humaine ce coin de terre,
quelque chose à ses compagnons? « Nous aimons, » disaient
ceux-ci, au témoignage des premiers missionnaires qui ont visité
jadis les Indiens d'Amérique, « qu'il y en ait parmi nous qui
cultivent la terre. Ils cessent, pendant qu'ils le font, de chasser
le gibier, et il nous en reste davantage. »

Ils font mieux; et la légende de la naissance du maïs, que
j'ai reproduite ailleurs[1], montre qu'ils s'en sont bien rendu
compte. Ils apprennent à substituer ou à ajouter à cette jouissance primitive, qui n'était qu'une dévastation en commun, une

---

1. Voir mes *Causeries du Grand-père*. Alcide Picard.

utilisation productive. Ils deviennent les pères de l'agriculture, les créateurs de moyens d'existence nouveaux et moins précaires, les premiers nourriciers du genre humain.

Or, ce qu'ont fait ces sauvages, donnant plus qu'ils ne prenaient, et considérés à juste titre, par leurs frères, comme des bienfaiteurs et non comme des usurpateurs, c'est ce qu'a fait et ce que fait, depuis l'origine des temps, tout travailleur honnête qui, sans dépouiller aucun de ses semblables, se procure, par son travail et par son intelligence, en découvrant une source de richesses nouvelles, en améliorant une culture, en perfectionnant une espèce animale, en inventant des outils, des moyens de communication ou de transport avantageux, une aisance ou une fortune personnelle. Et c'est du profit que tire, de la formation de ces richesses et de ces propriétés individuelles, la société dans laquelle elles se forment que résulte, par une sorte de rayonnement inévitable, la richesse générale. Nous mangeons du pain parce qu'il y a des cultivateurs, propriétaires ou autorisés par les propriétaires, qui ensemencent et récoltent le blé. Nous avons des vêtements de laine et de coton parce qu'il y a des gens, au bout du monde peut-être, qui possèdent des champs ou des troupeaux. Nous avons l'espace à notre disposition, parce que des ingénieurs comme Georges Stephenson ou Fulton nous ont donné les chemins de fer et la navigation à vapeur. Nous commençons aujourd'hui, habitués que nous sommes à ces puissants moyens de locomotion, à oublier que nos pères et quelques-uns de nous-mêmes ne les connaissaient pas au début du siècle dernier. Il en est de même pour tout. Nous nous imaginons que le monde a toujours été tel qu'il est. Il a été fait par la succession des efforts des hommes qui ont eu intérêt à le faire tel, et qui ne l'auraient pas fait si le fruit de leur labeur leur avait été refusé.

« Qui a fait la terre? » a dit Prudhon. « C'est Dieu. En ce cas, propriétaire, retire-toi ! » — « Qui a fait la terre? » a répondu Michelet, en montrant comment chaque motte de cette terre a été façonnée, pétrie par la main du cultivateur. « C'est l'homme. »

Guarda il sole che si fa vine

« Regarde le soleil qui se change en vin, » a écrit le grand poète italien, le Dante. « Regarde la sueur de l'homme qui se change en pain, » pourrions-nous dire en contemplant le rude travail du laboureur. Et de même de tous les produits du tra-

vail humain. Et cela est si vrai, le sentiment du droit personnel de possession qui résulte du mérite personnel est tellement
naturel, que le fanatisme le plus absolu des doctrines théoriques
ne saurait en triompher. Les communistes Russes, ces très
honnêtes et très intéressants sectaires nommés les Dukou-
borkis, forcés de quitter la Russie, où ils étaient persécu-
tés pour leurs croyances religieuses, avaient été accueillis
avec bienveillance au Canada, où des terres dépendant du
domaine public avaient été mises à leur disposition. Mais ce
n'était qu'une tolérance provisoire. Ces terres, pour leur être
assurées, devaient leur être attribuées par un acte à titre de
propriété. Ils s'y refusaient. Et, comme on leur faisait observer
qu'autrement ils n'avaient aucune garantie, leurs lots, légale-
ment vacants, pouvant être achetés à l'Etat Canadien, ce qui
les aurait dépossédés : « Comment, » disaient-ils « nous aurons
travaillé, défriché, semé, planté, bâti, et nous ne serons pas
sûrs du lendemain ? »

Cette sécurité du lendemain, cette reconnaissance du titre que
constitue le travail de la veille, c'est la propriété.

En droit, il n'y en a pas d'autre, et elle est inviolable. En fait,
il y en a des contrefaçons, des violations pour mieux dire ; il y
des possessions irrégulières, usurpation de la possession régu-
lière, dépossession du fruit du travail, au profit de la violence
ou de la fraude. Il y a le vol, qui suppose la propriété, puisqu'il n'est autre chose que la substitution injuste de celui qui
n'a point travaillé à celui qui a travaillé. Et c'est cette propriété usurpée que dénonçait, au fond, Proudhon, dans son
anathème fameux : « La propriété, c'est le vol ». Ce même Prudhon, dans un autre de ses écrits, relevant les échecs constatés
par l'histoire, les injustices et les désordres provoqués par tous
les essais de communisme, s'écriait, en adressant cette apos-
trophe à ses amis tels et tels, communistes : « Arrière communistes, vous m'êtes une puanteur ! »

Ne soyons pas si durs ni si intolérants. Respectons toutes
les convictions sincères ; reconnaissons que, sous ces revendications contre la propriété, il y a souvent un fond d'aspirations
généreuses ; et que bien des abus, dans tous les pays et dans
tous les temps, ont pu se couvrir du respect dû au droit ; mais
maintenons sans défaillance le droit. Le communisme, c'est le
retour au dénûment primitif. La propriété, celle qui n'est que
la reconnaissance de ce qui est dû au travail, c'est le pionnier
de la communauté grandissante de richesse et de bien-être.

MES ARRIÈRE-NEVEUX ME DEVRONT CET OMBRAGE : ✝
CELA MÊME EST UN FRUIT QUE JE GOÛTE AUJOURD'HUI.
EH! QUOI, DÉFENDEZ-VOUS AU SAGE ✝ ✝ ✝ ✝ ✝ ✝
DE SE DONNER DES SOINS POUR LE PLAISIR D'AUTRUI?

La FONTAINE.

L'Héritage.

o o o

EUX hommes sont nés le même jour, et leur vie va se passer dans le même pays. Mais leurs destinées seront bien différentes, et dès la première heure tout est contraste entre eux. Celui-ci est riche, c'est-à-dire que sa famille est riche. Son père, par son travail et son intelligence, a su acquérir de la fortune, ou peut-être, tout simplement, sans avoir rien fait que de conserver ce qui lui avait été laissé par d'autres, il en a. De ce fait, lui, l'enfant nouveau-né qui entre dans le monde, est assuré de soins qui préserveront son existence ; et il trouvera, lorsqu'il sera en âge de se diriger lui-même, le chemin tracé devant lui et des provisions préparées pour le voyage de la vie. Sans peine, sans efforts, sans prévoyances, sans privations préalables et sans mérite personnel, il aura, comme on dit, son lit tout fait et sa table mise : il a un héritage.

L'autre, à la lettre, entre nu dans ce monde. Il n'a rien (et pas toujours) que les soins imparfaits de ses parents, qui n'ont que leur travail ; et si, à force de privations, ces parents parviennent à l'amener tant bien que mal à l'âge d'homme, il n'aura pour subsister par lui-même que ses bras : il n'aura pas d'héritage, ou, s'il en a, un, ce sera un héritage passif, la charge de ses vieux parents, devenus incapables de se suffire désormais, et auxquels il lui faudra rendre ce qu'il en aura reçu.

Quel contraste dans ces deux situations, quelles inégalités et, ne faut-il pas dire, quelles injustices! Beaucoup se le disent, en effet, et, par un sentiment de révolte bien naturel, ils concluent logiquement qu'il faut supprimer l'héritage. Ce que laisseront les mourants, au delà d'un minimum indispensable, sera attribué à l'Etat, qui en usera, soit pour fonder des établisse-

ments d'instruction, de prévoyance, de retraite, soit pour décer-
ner des prix aux inventeurs et des médailles ou pensions aux
vieux serviteurs, aux sauveteurs ou autres considérés comme
des bienfaiteurs publics.

Oui, cela paraît juste au premier abord ; si juste qu'il semble
difficile d'y trouver à redire. Et cependant partout, sous une
forme ou sous une autre, la transmission des biens des parents
aux enfants, d'une partie de la famille à une autre tout au moins,
a été consacrée par la loi ou par l'usage. C'est qu'il est impossible, et qu'il serait injuste et dangereux de méconnaître le
lien qui attache les uns aux autres les membres divers de la
même famille ; c'est que les parents, en donnant le jour à des
enfants, s'obligent à assurer leur existence ; c'est qu'ils travaillent pour eux, et non seulement pour les nourrir et les
élever pendant leur enfance et leur jeunesse, mais au delà.
C'est que souvent, très souvent, les enfants, sous une forme
ou sous une autre, coopèrent à la création, à la conservation de
la fortune paternelle, et que, lorsqu'ils n'y ont pas travaillé
matériellement, ils y ont contribué en inspirant et en entretenant chez eux l'activité, l'économie, la prévoyance ; que c'est
pour eux, pour leur avenir, que ces parents ont peiné, et que
les priver de la satisfaction de laisser après eux, à leurs représentants, ce qu'ils leur ont destiné, c'est les dépouiller par
avance et c'est tarir en eux la source principale de leur énergie.
C'est, en d'autres termes, sous prétexte d'enrichir la société
de ce qu'on leur enlève, la priver de tout ce qu'elle aurait naturellement recueilli de l'augmentation de son actif par leur
travail. La richesse rayonne, et celui qui la possède ne peut en
jouir qu'à la condition de la dépenser.

Certains, remarquant que nous ne pourrions rien, pour ainsi
dire, sans la collaboration de la société, sans la sécurité dont
elle nous fait jouir, les connaissances dues aux générations
précédentes ou à nos contemporains, dont nous profitons, et
les ressources de toutes natures préparées par d'autres mains
que les nôtres, se croient en droit de conclure que la majeure
partie, sinon la totalité, du fruit de nos labeurs, devrait revenir, après nous, à cette société dont nous sommes les débiteurs.

Ils oublient de faire le compte de ce que la société, de son
côté, doit aux travaux individuels de ses membres. Et ils ne
voient pas qu'en face des héritages personnels, transmis par
les individus à leur parenté, et en vertu de ces héritages
mêmes, il y a un héritage collectif, dont il est impossible de
calculer l'importance, et qui disparaîtrait si l'on enlevait au

père de famille la faculté de travailler non seulement pour lui-même, mais pour ceux qui lui sont chers.

« Mes arrière-neveux me devront cet ombrage »,

fait dire La Fontaine à l'octogénaire qui plante des arbres qu'il ne verra peut-être pas grandir :

> « Cela même est un fruit que je goûte aujourd'hui.
> Eh ! quoi, défendez-vous au sage
> De se donner des soins pour le plaisir d'autrui? »

Non seulement pour le plaisir, mais pour le bien, pour l'enrichissement, pour le bien-être sous toutes ses formes, pour le développement matériel de l'ensemble des générations qui suivront.

« Veut-on, » disait l'auteur d'une excellente étude sur *La cherté des grains*, M. Victor Modeste, « toucher du doigt cette hérédité universelle? »..... « Supposez qu'une de nos industries; celle du verre par exemple, vienne à disparaître. Est-ce au prix d'un million de francs d'expériences et de tentatives que vous la reconstitueriez ? Non sans doute. Eh bien ! jugez par-là du prix de l'ensemble ; et dans cet ensemble, il n'y a peut-être pas un capital, pas un procédé découvert qui n'ait été transmis par un père à son fils, par un donateur à quelque donataire. Triptolème a eu vraisemblablement des héritiers pour sa charrue, et l'inventeur anonyme du verre pour sa découverte »...... « Et pourtant à quel prix vous procurez-vous le grain qu'a préparé la charrue, le verre, le coton, la laine, le lin, filés, tissés et teints par vingt séries de procédés industriels ? »... « C'est que les machines, c'est que les découvertes travaillent pour vous gratuitement; c'est qu'en même temps que les inventeurs avaient des fils, ils avaient des frères, des parents, dont vous êtes les descendants; et que la propriété, les capitaux, les fruits du travail et de l'intelligence, sous toutes leurs formes, se souvenant mieux que vous, sans vous, de ces parentés inconnues, vous ont compris d'eux-mêmes dans l'héritage.... »

C'est cet héritage universel que l'on supprimerait en portant atteinte à l'héritage individuel.

Consommation. — Épargne.

o . o o

1.ES choses sont faites pour qu'on en use. Les grains, les fruits, les légumes sont faits pour être mangés, le bois pour être brûlé ou façonné en outils, en meubles, en abris, les métaux pour être fondus ou travaillés, l'eau pour abreuver notre soif ou celle des animaux et des plantes. C'est ce que l'on appelle *consommer*. Consommer n'est pas détruire, bien que dans certains cas l'usage que nous faisons des choses les fasse disparaître et semble n'en rien laisser subsister. Il ne reste rien, dans nos mains ou sous nos yeux, des aliments que nous avons absorbés, du bois que nous avons brûlé; mais l'aliment, s'il a été ce qu'il devait être, s'est transformé en chair, en sang, dans notre personne, et se reproduit sous forme d'action musculaire, de pensée, de travail. Les éléments des choses s'agrègent ou se désagrègent, se composent ou se décomposent; ils subsistent sans perte comme sans augmentation dans leur essence, et rien dans ce monde ne s'anéantit, rien ne sort du néant. Le sel ou le sucre fondu dans l'eau se retrouvent quand cette eau s'évapore, le bois et le charbon brûlés sont devenus de la vapeur d'eau, du carbone ou de l'acide carbonique et des résidus minéraux qu'on appelle des cendres; ils se recomposeront, ici ou ailleurs, pour reformer de nouveaux végétaux. Tout se métamorphose, rien ne périt; et nous ne faisons que profiter plus ou moins heureusement de celles de ces manifestations passagères qui peuvent nous servir.

Mais nous le faisons, selon nos connaissances, nos aptitudes et notre degré de bons sens, d'une façon plus ou moins satisfaisante. Nous consommons, c'est-à-dire nous faisons usage des choses de telle sorte que, cet usage passé, il n'en reste rien pour nous ni pour d'autres. Nous brûlons du bois pour le plaisir de le voir brûler, nous jetons à l'eau des objets utiles qui pourraient servir. C'est de la consommation stérile, coupable,

par conséquent, puisqu'elle tend à priver l'ensemble de la
société, qui aurait pu en profiter, de ces utilités disparues. Nous
faisons pis : de ces choses qui sont des forces ou des moyens
d'existence, de ce fer, de ce feu, de cette puissance explosive
de la poudre et de ce tranchant de l'acier, nous faisons des
engins de destruction, nous les employons à massacrer des
hommes, à saccager des moissons, à ruiner des villes ; c'est
une consommation destructive et appauvrissante. Nous en
usons, au contraire, de façon à reproduire, c'est-à-dire à faire
réapparaître, non seulement sous la même forme et en même
quantité, mais sous une forme supérieure et en plus grande
abondance, les utilités que nous faisons momentanément disparaître. Nous mettons le blé en terre pour qu'il change le
grain en épis ; nous tirons du minerai le fer et du fer l'outil ;
de la pierre informe nous faisons un mur, du bois des plan-
chers, une charpente, un hangar, de la terre convenablement
choisie et préparée, de la faïence, des vases, de la porcelaine ;
c'est une consommation productive et féconde. Nous n'avons
rien ajouté à la matière ; nous lui avons conféré par notre
travail une utilité qu'elle n'avait pas, et c'est cette utilité, permettant et augmentant la vie, qui constitue ce que nous appelons la richesse.

On ne produit donc que pour consommer ; mais pour que
cette consommation ne soit pas stérile, pour qu'elle puisse se
développer et fructifier, il faut d'abord qu'elle n'absorbe pas
toute la production à mesure qu'elle est obtenue ; il faut que,
sur le produit de notre travail de chaque jour, après avoir
prélevé ce qui est nécessaire pour la consommation du lendemain, nous réservions un reliquat, une épargne, destinée soit
à parer à l'insuffisance du produit des jours suivants, aux
dépenses des heures de chômage, de maladie ou de désastre,
soit à préparer, par un emploi plus fructueux que la consommation directe, un excédent de production ultérieure. Il faut
du grain pour manger aujourd'hui, il en faut pour attendre la
récolte prochaine, et il en faut pour semer en vue de cette récolte.
Il faut la vie au jour le jour ; il faut l'épargne, la poire pour la
soif, et il faut le capital, la semence des moissons grandis-
santes.

L'épargne, dis-je, c'est la poire pour la soif, pour la soif de
celui qui réussit à la faire, et pour la soif des autres au besoin ;
car s'il n'y avait pas des hommes qui ont plus qu'il ne leur
est indispensable pour le vivre d'aujourd'hui, ceux qui n'ont
pas le nécessaire de l'heure présente ne pourraient subsister ;

leur travail même, qui leur permettrait de produire pour plus tard seulement, ne leur serait d'aucune utilité. C'est le travail antérieur des autres et leur épargne antérieure qui les sauvent.

Il faut donc épargner, non d'une façon absurde, en se privant de toute jouissance, de tout plaisir, du nécessaire même, comme ces avares qui se laissent mourir de misère à côté de dizaines et parfois de centaines de mille francs amassés sou à sou. Il faut épargner parce que la prudence le commande et aussi parce que toute consommation inutile, tout gaspillage est une atteinte portée à la richesse commune du genre humain, une diminution de notre pouvoir d'assistance. On connaît l'histoire de cette dame, faisant une quête pour une grande infortune, qui, au moment de frapper à une porte, hésite à le faire parce qu'elle entend une voix d'homme grondant une servante pour avoir jeté une allumette qui n'était brûlée qu'à moitié. Elle entre cependant, et se trouve en présence d'un vieillard d'aspect respectable, qui très simplement lui remet une aumône plus forte que toutes celles qu'elle avait jusque-là recueillies. Et comme elle ne peut s'empêcher de manifester, en le remerciant, quelque étonnement et de confesser l'hésitation qui l'avait arrêtée à la porte : « Madame, » dit-il, « si je ne faisais pas servir deux fois les allumettes, je ne pourrais pas vous donner vingt francs ; ils auraient été dissipés en fumée. »

J'ai quelque plaisir à appuyer cette anecdote d'un souvenir personnel. J'étais, il y a longtemps déjà, chez une vieille parente dont on allait enterrer la fille. Au milieu de sa douleur, qui était profonde, elle fit une observation à sa bonne pour je ne sais quelle négligence. « La voilà bien, » me dit un ami de la maison ; « elle grondera pour deux sous de braise, et tout à l'heure elle fera sans hésiter une grosse libéralité. » Deux ou trois jours plus tard, la bonne vieille adressait à une amie de sa fille, retirée dans une ville de province dont le climat est rigoureux, et de qui les ressources étaient très réduites, un billet de mille francs, avec ces mots : « Voici la mauvaise saison. On a imaginé de nouveaux allume-feux qui sont, paraît-il, très bons ; je vous en envoie un échantillon ». Ma parente n'avait qu'une très modeste fortune, mais elle savait épargner pour elle-même et pour les autres.

J'insiste sur ces considérations, parce qu'il court, au sujet des devoirs prétendus des riches ou de ceux qui sont supposés riches, beaucoup d'idées fausses et, par suite, dangereuses et injustes.

Épargner, c'est dépenser.

○ ○ ○

L A vie ne se continue et ne se renouvelle, en se développant, que par l'épargne. L'arbre, pour grandir, pour transformer en tronc et en branches ses premières pousses herbacées, a besoin de conserver et d'accumuler, sous leur écorce durcie, les faibles éléments de sa première tige, puis d'y en ajouter d'autres et de former ainsi peu à peu sa puissante charpente. La plante passagère, pour donner son fruit et assurer sa reproduction, doit emmagasiner, dans ses tissus, dans sa racine, qui s'épuiseront ensuite pour les nourrir, les éléments de la fleur et de la graine. Réserve de vie, capital végétal, sans lequel la végétation s'arrêterait et l'espèce disparaîtrait.

L'homme, de même, pour être assuré de vivre demain, est contraint de garder, si possible, sur le produit de son travail du jour, sur les ressources dont il dispose à l'heure présente, un reliquat qui lui permette d'atteindre l'heure à venir et de la passer, au besoin, si elle se trouve stérile. Petite ou grande, il lui faut une épargne, un capital, un morceau de pain, un abri, un outil.

L'épargne, c'est la transmission de la vie. C'est le flambeau sacré qu'il est interdit de laisser éteindre. Elle devrait donc être bénie, recommandée, encouragée; et tout homme qui, après avoir satisfait honnêtement aux exigences de sa situation, met de côté, soustrait à la dépense courante, et réserve, pour l'avenir, une partie plus ou moins grande de ses ressources, devrait être considéré comme un bienfaiteur de l'humanité, accroissant, par une sage prévoyance, le trésor commun dont elle aura la disposition. Il est bien vu, en effet, d'un certain nombre, et il ne manque pas de proverbes qui célèbrent l'économie et nous apprennent que les petits ruisseaux font les grandes rivières, et que les centimes, en s'accumulant, se changent en pièces d'or. Mais il n'en manque pas non plus pour glorifier la dépense et flétrir, sous le nom d'avarice, l'éco-

nomie et l'épargne. L'argent est plat, disent les uns, c'est pour
amasser ; l'argent est rond, répondent les autres, c'est pour
rouler. Voyez ce ladre, ce grippe-sous, ce Fesse-Mathieu ; il
est à son aise, il est riche, il pourrait se payer un beau mobi-
lier, donner des bijoux à sa femme et à ses filles, fréquenter
les théâtres, les courses, les villes d'eaux. Il vit simplement,
va à pied ou prend une voiture sur la place, ne se promène ou
ne voyage que pour son agrément personnel et sans étalage,
et, finalement, il fait des économies et les place pour augmenter ses revenus, au lieu de les répandre autour de lui pour
faire aller le commerce. A quoi sert-il ? Le financier mis en
scène par La Fontaine n'a-t-il pas bien raison quand il dit :

> La République a bien affaire
> De gens qui ne dépensent rien !

Qui ne dépensent rien ? En êtes-vous sûrs ? Et ne seraient-ce
pas, au contraire, ces économes, ces épargneurs, qui dépensent
le plus et qui dépensent le mieux ?

Toutes les dépenses, sans doute, quelles qu'elles soient,
profitent à quelqu'un, pas toujours pour son bien, car il y a des
gains qui ne sont pas seulement malhonnêtes, mais malfaisants
et corrupteurs. Mais il y en a qui ne laissent rien derrière elles
que des satisfactions passagères ou des repentirs ; et il y en a
qui, non seulement sont immédiatement et directement utiles
en pourvoyant à des besoins réels et avouables, mais deviennent
fécondes en permettant, par de nouveaux travaux, le développement du bien-être, de la richesse et de la science. Ce ladre,
dites-vous, ne dépense pas ses revenus ; il les place ? Et pourquoi les place-t-il ? Pour les accroître en les rendant productifs.
Or, comment peuvent-ils être productifs ? Parce qu'ils sont
employés à des œuvres utiles et rémunératrices. Parce que,
prêtés à des industriels intelligents, convertis en achats d'immeubles, mis, sous forme d'actions, à la disposition d'une
société qui construit un chemin de fer, exploite une mine, dis-
tribue l'eau et la lumière à une ville, ils servent à payer en
salaires aux ouvriers, en machines, en matériaux de construction, en tuyaux, c'est-à-dire toujours en salaires, des services
rendus à ceux qui deviennent les clients de ces industries
diverses.

Il ne faut pas — j'essaierai de le montrer en parlant du luxe
— pousser le rigorisme jusqu'à interdire à ceux qui peuvent
se les permettre toutes les dépenses qui paraissent être de pur

agrément. Quand on travaille, ou quand on a travaillé pour se
les procurer, quelques satisfactions sont légitimes ; c'est la
récompense de l'effort dont leur perspective a été l'aiguillon.
Mais combien, en fin de compte, sont plus bienfaisantes, plus
fécondes ces dépenses intelligentes, ces consommations productives ou reproductives, qui sont, en réalité, les perpétuels
réensemencements de la vie ! C'est par l'excès de l'épargne sur
la dépense que les sociétés, comme les familles, s'enrichissent
et s'élèvent ; et que la faculté de dépenser elle-même se maintient et se développe. « L'économe, » a dit Adam Smith, « est le
fondateur d'un atelier public, qui fournira du travail et des ressources aussi longtemps qu'il sera maintenu en activité. Le
prodigue est un insensé qui jette au vent les cendres de ses
pères. »

LE CAPITAL EST LE FLEUVE OÙ LE SALAIRE
SE PUISE ; LE TRAVAIL EST LA SOURCE OÙ
CE FLEUVE S'ALIMENTE. ✝ ✝ ✝ ✝ ✝ ✝
COBDEN.

Le Capital.

o o o

ENCORE un mot généralement bien mal compris, et dont
il importe, sous peine des plus graves et des plus dangereuses erreurs, de se faire une idée exacte.

Demandez au premier venu ce que c'est que le capital.
Il y a gros à parier qu'il vous répondra, et probablement vous
vous serez déjà répondu à vous-même, que c'est de l'or ou de l'argent, des billets de banque qui les représentent, ou des titres,
avec lesquels on peut s'en procurer ; de la richesse définitivement acquise, en un mot, et grâce à laquelle ses possesseurs
se trouvent assurés de leur avenir, et dispensés, dans une
mesure plus ou moins large, du travail, qui est le lot du grand
nombre. Puissance redoutable, qui partage l'humanité en deux
classes : les riches et les pauvres, les exploiteurs et les exploi-
tés, et permet aux premiers de vivre de la sueur des seconds !
Oui, puissance redoutable, comme toute puissance et toute
force, quand il en est fait un mauvais usage ; mais puissance
nécessaire, et puissance bienfaisante dans son ensemble, et

tout autre chose, beaucoup moins et beaucoup plus tout à la fois, que ce que vous vous figurez.

Ce n'est pas seulement de l'or, de l'argent ou des valeurs de dénominations diverses; c'est l'ensemble, tout l'ensemble de l'outillage matériel et moral de l'humanité, le fruit du travail des générations antérieures, et la semence du travail actuel et du travail futur; c'est la sève nourricière, quand elle n'est pas détournée de son naturel et légitime emploi, la sève ascendante du progrès, se répandant comme se répand dans l'arbre et jusqu'aux extrémités de ses branches le liquide qu'il puise dans la terre, à travers toutes les mailles de l'organisme social, et faute duquel, lorsque la circulation en est arrêtée ou tarie, le dépérissement ne tarde pas à se faire sentir.

L'homme ne peut subsister, avons-nous dit, qu'à la condition de travailler et de travailler utilement, c'est-à-dire de produire. Si cette production est inférieure à sa consommation, il dépérit. Si elle lui est égale, simplement égale, il dure jusqu'au moment où, atteint par l'usure de l'âge, il décline, ou jusqu'au jour où la maladie ou l'accident, en interrompant son activité, le contraignent à disparaître. Si sa production lui permet de réaliser, sur sa consommation, un excédent, il se trouve, dans une mesure plus ou moins large, à l'abri des éventualités qui le menacent, et pourra, pendant un certain temps au moins, se suffire sans continuer à se procurer de nouvelles ressources. Il aura, comme la fourmi, une épargne pour son hiver; il n'aura qu'une épargne.

Qu'il fasse un pas de plus. Que cette épargne, au lieu de la conserver pour le jour imprévu du besoin, il la transforme en un instrument de progrès; que, du grain mis de côté pour sa nourriture de demain, il fasse la semence d'une moisson nouvelle; que des jours pour lesquels il s'est assuré de quoi manger sans pourvoir directement à sa nourriture, il fasse un emploi intelligent et fructueux, se fabriquant des outils, des armes, des filets, qui, au prix du travail actuel, lui faciliteront le travail à venir, de son épargne il aura fait du capital. Et ce capital, ce fils du travail antérieur, qui devient le père d'un travail moins imparfait et plus fécond, il prendra, en réalité, toutes les formes, et comprendra tout ce que, d'âge en âge, par la pensée, par la main, par l'économie et par la prévoyance, la succession des générations aura pu réussir à réaliser et à conserver.

C'est, à la lettre, la survivance matérielle et morale des pères aux enfants, et l'armement universel peu à peu

préparé et accru, par le labeur d'hier, pour le labeur de
demain.

Soit, direz-vous, nous voyons bien que si rien n'avait été
réservé sur le produit du travail d'hier, pour faciliter le travail
d'aujourd'hui et de demain ; si, par la culture, la reproduction
et la multiplication des moyens d'existence, du blé, de la
viande, des fruits et des légumes, n'avait pas été rendue possible ; si des outils, des machines, augmentant la puissance de
la main humaine, n'avaient pas permis la naissance et le développement des diverses industries par lesquelles s'est améliorée
l'existence, nous serions restés et nous croupirions indéfiniment dans la douloureuse incertitude de cette vie primitive,
toujours à la recherche de l'aliment appelé par la faim, et
livrés à tous les hasards des accidents extérieurs. Il n'en est
pas moins vrai que la possession de ces outils, de ces machines,
de ces réserves de toutes natures, qui constituent, aux mains
des uns, un capital, c'est-à-dire un moyen d'action plus considérable que ceux dont d'autres peuvent disposer, équivaut,
pour eux, à une supériorité qui les rend maîtres du travail
qu'ils rétribuent, et leur permet, dans le débat qui s'établit
entre eux, pour la rémunération de l'emploi du temps et des
bras qu'ils dirigent, de fixer arbitrairement les conditions. Le
capital, comme on le dit, peut attendre ; le travail ne le peut
pas. Le patron, l'entrepreneur, le chef d'industrie ont leur
lendemain assuré ; l'ouvrier, qui doit pourvoir, pour lui et
pour sa famille, aux besoins de ce lendemain, est contraint,
sous peine de succomber, de se contenter de l'indispensable
entretien de son existence.

La partie n'est pas toujours égale, cela est incontestable. « Il
vaut mieux, » a dit Bastiat, « avoir du capital que n'en avoir
pas. » Il vaut mieux avoir des outils, des instruments, des
arbres ou des animaux, des provisions dans son grenier que
d'en être dépourvu. Mais c'est précisément parce que l'épargne
et l'utilisation de l'épargne profitent à ceux qui savent épargner
et utiliser qu'il y a des hommes qui s'abstiennent de consommer, de vivre au jour le jour en consommant tout ce qu'ils
peuvent consommer, et de laisser oisives toutes les ressources
qui ont échappé à leur consommation. Et c'est pour cela que,
fut-il vrai que le capital se fit toujours la part du lion, il serait
toujours à désirer qu'il y en eût. Car, supprimez par la pensée,
pour mettre un terme à cette exigence, ce prétendu tyran ; c'est
la misère universelle, le dénûment absolu, l'absence complète
de travail et de salaire, le retour au primitif et redoutable état

de nature, la faim, la soif, la lutte impuissante contre les éléments et les animaux.

Et puis est-il bien vrai que le capital puisse toujours attendre,
ou qu'il le puisse autant qu'on se le figure? Attendre, pour lui,
c'est plus ou moins rapidement dépérir, et, finalement, si cette
attente se prolonge, disparaître bien souvent. Le capital, en
réalité, ne dure pas comme on le croit; il se renouvelle; et il
ne se renouvelle qu'à la condition de s'employer. Né du travail,
c'est par le travail qu'il s'entretient, se répare ou s'accroît. Le
possesseur d'un champ qu'il n'est pas en état de cultiver par
lui-même, n'en peut tirer parti qu'à la condition de le faire cul-.
tiver, c'est-à-dire d'abandonner à d'autres une partie du produit.
Le possesseur d'une maison qui ne l'habite pas, ne peut avoir
intérêt à la posséder qu'à la condition de rendre à d'autres occu-
pants le service de la mettre à leur disposition, et d'obtenir en
échange le service d'une rétribution qui lui permettra de l'entretenir, en même temps que d'en vivre. L'industriel à qui ses
capitaux et son intelligence ont permis de monter une entreprise
plus ou moins considérable, ne peut y trouver son compte que
si ses ateliers sont maintenus en activité. S'ils demeurent oisifs,
c'est la ruine. Le capital qui dort ne dîne pas; il maigrit et
s'anéantit.

Le capital, donc, ne peut pas plus se passer du travail, c'est-
à-dire d'alimenter le travail, que le travail ne peut se passer du
capital, c'est-à-dire d'entretenir et de renouveler le capital. Mais
une chose est vraie et certaine. C'est que, si le capital peut faire
la loi au travail, c'est quand il est rare, c'est-à-dire relativement
peu offert et très recherché, et quand le travail, au contraire,
est très offert. « Le capital, » a dit le grand démocrate Cobden,
« est le fleuve où le salaire se puise »; et le travail est la source
par laquelle le capital est alimenté. « Quand deux ouvriers
courent après un patron, le salaire baisse; quand deux patrons
courent après un ouvrier, le salaire hausse[1] ».

---

[1] Voir ma conférence sur *la Solidarité du capital et du travail*.

AVEC SIX LOUIS, UN HOMME DE BONNE
CONDUITE PEUT SE PROCURER LA JOUIS-
SANCE D'UN CAPITAL DE CENT LOUIS. ✝ ✝
FRANKLIN.

Intérêt. — Usure.

LES choses, même les plus utiles et les plus nécessaires,
ne sont pas toujours actuellement employées par leurs
possesseurs. Je puis avoir récolté plus de blé ou de bois
que je n'en mangerai ou brûlerai au cours de cette année;
avoir fabriqué un outil dont je n'ai plus besoin ou que je suis
capable de remplacer ; posséder une barque qui ne me sert qu'à
certaines époques. Un voisin, qui manque de blé pour semer, de
bois pour se chauffer, d'outils pour faire un travail pressé ou de
barque pour aller pêcher le poisson qu'il voudrait vendre au
marché, me demande de lui prêter celui ou ceux de ces objets qui
lui font défaut. « Soit, » lui dis-je, « mais tu me les rendras dans
un an, dans six mois ou dans trois, » selon qu'il en a besoin pour
plus ou moins longtemps ou que moi-même je prévois avoir à m'en
servir. — « C'est entendu. » — « Bon ; mais pendant qu'ils seront
à ton service, ces objets que je te prête se fatigueront; ils seront
à ton usage, c'est-à-dire qu'ils s'useront pour toi au lieu de
s'user pour moi. Ce n'est pas moi, évidemment, à moins qu'il
ne me convienne de te faire une libéralité, qui dois supporter
cette usure. Tu m'en tiendras compte, et, pour cela, tu me
paieras une certaine redevance, soit en blé, en bois, en poisson,
en services ou en argent, que nous appellerons le *loyer*, la
rente ou l'*intérêt*, parce que c'est l'avantage que je trouve à
percevoir cette redevance qui me fait trouver intérêt à te consentir le prêt que tu sollicites. Cet intérêt, rémunération d'un
service, compensation d'un dommage, d'une privation et d'une
usure, si tu me le promets librement et après réflexion, c'est,
évidemment, que tu penses y trouver ton compte, que tu as,
toi, intérêt à me le payer, comme moi à le recevoir, et que le

Voir pour ce chapitre la séance du 5 novembre 1888 de la Société d'économie politique; n° du 15 novembre 1888 du *Journal des Économistes*
et discussion à la Chambre des députés.

marché que nous concluons librement nous paraît avantageux à
l'un comme à l'autre. »

Il peut arriver, et il arrive, malheureusement, que nous nous
trompions ou que nous nous laissions tromper, qu'au lieu de
faire équitablement et raisonnablement l'appréciation du service
rendu et de ce qu'il coûte, le prêteur fasse un placement onéreux
ou à perte, ou l'emprunteur une opération ruineuse; celui-ci
peut tromper celui-là ou réciproquement. Mais en elle-même,
et si elle est conclue librement par des êtres majeurs, l'opération est non seulement légitime, mais favorable au bon emploi
des forces et des ressources qui ont besoin de se rencontrer. Le
mot *usure*, dans son sens primitif, n'est que la constatation d'un
fait inévitable, la détérioration des choses au profit de celui
qui s'en sert, et le devoir de tenir compte de cette détérioration
à celui qni en concède l'usage. Le taux de l'intérêt est discu-
table ; il peut être raisonnable ou injustifié, léger ou lourd. C'est
affaire à examiner pour chaque cas. Mais en soi-même la légiti-
mité de l'intérêt est indiscutable ; et prétendre interdire toute
rémunération du prêt, que ce soit prêt d'argent ou prêt des
choses diverses que représente et procure l'argent, ce serait
interdire tout prêt et priver les uns de toute facilité à profiter
de ce que possèdent les autres, et ceux-ci de tout avantage à
avoir travaillé, produit et épargné.

« Soit, » dit-on parfois, « on comprend très bien que si j'emprunte à mon voisin une voiture, un outil dont il aurait pu se
servir, du grain qu'il allait semer et qui lui aurait fourni une
récolte, je doive lui tenir compte du service qu'il me rend et
l'indemniser à la fois de la privation qu'il consent en ma faveur
et du risque qu'il peut courir de n'être pas intégralement
remboursé. Aussi n'a-t-on jamais interdit de se faire payer ce
genre de service. Mais s'il s'agit d'argent, c'est autre chose. Il
ne s'use pas l'argent. Et si l'emprunteur rend au prêteur exactement la même somme, la quantité de métal blanc ou jaune
qu'il a reçue, que peut prétendre de plus ce prêteur? »

D'abord, vous faites une supposition qui ne se réalisera peut-
être pas, celle de la restitution intégrale de la somme prêtée.
Or, que ce soit sans mauvaise intention ou non, par un emploi
malheureux de la somme empruntée, par la mort ou l'insolvabi-
lité du débiteur, il peut arriver, et il arrive tous les jours,
qu'une partie des emprunteurs ne remboursent pas leurs prêteurs, tout comme il arrive qu'une partie des navires envoyés
au loin fassent naufrage, et qu'une certaine proportion des
immeubles existants soient détruits par l'incendie. On ne peut

pas prévenir absolument ces accidents; mais on peut se préserver de la ruine qui en serait la conséquence en affectant une certaine somme à s'assurer, en cas de sinistre, une indemnité compensatoire. On fait de même pour les pertes résultant du non remboursement de ses créances. Et l'intérêt, qui est à la fois la représentation de la privation de jouissances à laquelle on consent et la rémunération du service rendu à l'emprunteur, est, en réalité, une assurance. Quoi de plus raisonnable? Si, à prêter son argent, on n'avait que des risques à courir, sans aucune perspective d'avantages, personne ne consentirait à un marché de dupe, et les emprunteurs trouveraient fermées toutes les portes.

Il n'est point exact, d'ailleurs, que le prêt d'argent diffère totalement des prêts en nature, loyer des terres ou des maisons, avances de semences ou de fumier, ou livraison temporaire de bestiaux ou d'outils. Quand on emprunte de l'argent, ce n'est pas pour le conserver inutile dans sa caisse; c'est pour le convertir en instruments de travail, en semences, en machines, en fer, en bois, en laine, en coton, matières premières de l'industrie que l'on exerce; et par conséquent ce sont, en réalité, ces choses que, sous l'apparence de l'argent, l'on emprunte.

« L'argent est stérile, » disait le célèbre philosophe Aristote. Il est stérile, comme toute chose, quand on ne sait pas l'utiliser. Il ne l'est pas quand on lui donne un emploi utile et fécond. Ce grand Aristote, a écrit l'Anglais Bentham, avait bien su voir que des pièces de monnaie, quelles qu'elles soient, ne font pas de petits. Il avait oublié de remarquer qu'avec ces pièces de monnaie qui ne font pas de petits, on peut se procurer des brebis et des béliers qui en font, du grain qui en produit au centuple, une maison que l'on loue; en sorte que, en rendant au prêteur, au terme convenu, en outre de la somme prêtée, une partie du profit que l'on en a tiré, on se trouve encore plus riche que si l'on n'avait pas emprunté et payé un intérêt.

Il reste vrai, et il sera toujours vrai qu'il y a des emprunteurs maladroits, malhonnêtes aussi bien souvent, qui, ne songeant guère à l'obligation de réaliser l'engagement qu'ils contractent, consentent à leurs prêteurs des conditions déraisonnables, et des prêteurs, comme M. Harpagon, qui abusent effrontément de la crédulité ou des besoins de leurs clients. Mais entre personnes majeures et opérant en pleine connaissance de cause, le véritable intérêt, dépendant des circonstances, est nécessairement variable. Il peut y avoir plus d'avantage pour l'emprunteur à payer 8 %, s'il en gagne 15, qu'à n'en payer que

3 s'il n'en gagne que 4 ou 5. Plus de danger aussi et peut-être plus de mérite, pour le prêteur, à prêter à 10 %, pour tenter une expérience, dont le succès fera la fortune de celui qui la risque, qu'à prêter à 5 % avec une absolue sécurité.

D'où il résulte, comme en toute autre matière, que ce qui importe — et l'on pourrait presque dire la seule chose qui importe — c'est la loyauté et, par conséquent, la liberté du contrat de prêt. On fait très bien de punir comme usuriers — il serait plus juste de dire comme escrocs — les gens qui, par des manœuvres dolosives, en abusant de la crédulité de leurs dupes, ou en favorisant les désordres de la jeunesse inexpérimentée, consomment à leur profit la ruine de ceux qui s'adressent à eux. On a tort de flétrir de ce nom d'usurier et de punir comme des criminels les gens qui se bornent à demander, avant de ris-quer leur argent, les garanties que comportent l'état général des affaires et les conditions particulières du prêt qui leur est demandé. Les restrictions légales à ce genre de contrat ne font que le rendre plus difficile et plus onéreux pour les emprun-teurs besogneux, qui, se voyant fermer la porte des honnêtes gens, sont réduits à s'adresser à ceux qui ne craignent point de risquer la prison ou l'infamie, mais les font payer. Ce qui a fait dire à Montesquieu, à Turgot, à Bastiat et à bien d'autres que toute loi contre l'usure est une loi en faveur des usuriers.

IL N'Y A QUE TROIS MANIÈRES DE ✝ ✝
SUBSISTER DANS UNE SOCIÉTÉ: IL FAUT
ÊTRE MENDIANT, VOLEUR OU SALARIÉ. ✝
                                    MIRABEAU.

Salaire.

◊ ◊

ON connaît l'histoire de ce curé qui, n'ayant pour son dîner, un jour maigre, qu'une poularde de bonne appa-rence, étendit gaîment la main sur la bête en disant : « Je te baptise carpe, » et, la conscience rassurée par cette opération, se mit tranquillement à dévorer la viande muée en poisson. Nous en faisons tous autant tous les jours et à tout propos. Il nous suffit de changer le nom des choses ou de le laisser changer par d'autres pour en concevoir aussitôt une opinion différente.

Rien de plus curieux, en ce genre, que la défaveur qui s'attache, pour toute une catégorie de personnes, au mot de salaire, et la honte, la colère qu'elles paraissent éprouver à l'idée d'être salariées. Qu'est-ce pourtant que le salaire, sinon la rétribution donnée, par celui qui reçoit un service, à celui qui le lui rend ? Et ce fait de reconnaître, par un équivalent, le service reçu, n'est-il pas la chose du monde la plus naturelle, la plus universelle aussi ? Car nous ne vivons que de services réciproquement échangés. Quand un homme est payé par moi pour un service, ne suis-je pas payé par lui par le service qu'il me rend ?

Un architecte, un huissier, un expert, se déplacent pour constater ou apprécier des faits qui m'intéressent. Je leur paie une *vacation*. Un médecin vient me voir et me prescrit un remède ; c'est tant pour sa *visite*. Un avocat étudie et plaide une affaire, et l'avoué « occupe » pour moi ; je dois à l'un des *frais*, et à l'autre, comme au médecin, des *honoraires*.

Un fonctionnaire touche un *traitement*, un ministre ou un ambassadeur des *émoluments* ou des *frais de représentation* ; un chef d'État a une *liste civile* ; un acteur reçoit des *feux*, un professeur un *cachet*, un écrivain des *droits d'auteur*, etc. C'est toujours la même chose : un service pour un service, une peine pour une peine, une indemnité ou une rétribution, en compensation d'un avantage. Toute peine, dit le proverbe, mérite salaire. Et ce qui est à souhaiter, ce n'est pas de pouvoir se dispenser d'être salarié ; c'est de pouvoir toujours recevoir le salaire auquel on a droit et payer celui dont on est redevable.

Je vais plus loin. Même les services que l'on appelle gratuits, alors qu'ils sont libres et non pas imposés — ce qui en ferait une spoliation — les travaux scientifiques ou littéraires, entrepris à titre désintéressé, par amour de l'art, de la science, de la morale ; les fondations charitables, le temps donné à l'assistance matérielle de nos semblables, au soin des malades, à l'éducation des enfants, au soulagement des misères de toutes sortes, toutes ces choses, qui se traduisent en sacrifices, en démarches, en dépenses, si elles sont réellement volontaires et sincères, sont payés par le sentiment du devoir accompli, du résultat espéré, du bien que l'on croit faire, et par la satisfaction de la conscience. Salaire vain pour ceux qui n'en comprennent pas la valeur ; salaire réel pour ceux qui l'apprécient, puisqu'il suffit pour les indemniser de ce que leur coûte leur dévouement. Salaire partout, partout légitime, partout respectable, partout juste lorsque ni la force ni la fraude n'interviennent pour en fausser la valeur et le mérite en le restreignant au-dessous de ce que l'aurait fait le libre débat ou en l'élevant au-dessus.

Le salariat ne disparaîtra jamais. On peut faire beaucoup, par des combinaisons diverses, pour le rendre plus équitable et plus avantageux, en proportionnant mieux la rétribution à l'effort et au mérite, et nulle forme de paiement ou d'association ne doit être condamnée à l'avance et absolument; l'essentiel est que la liberté des contractants ne soit pas violée. Mais, le salaire ne pouvant être, en fin de compte, que la part réservée sur le produit total de l'association du travail, du capital et de l'intelligence, la seule façon sûre d'accroître durablement le salaire du travail est d'accroître le rendement de ce travail; ce à quoi la direction doit comprendre qu'elle est intéressée et tenue en conscience de s'appliquer. Mais toute guerre au capital ou à la direction, considérés comme des ennemis, est absurde et coupable. Et toute prétention d'augmenter arbitrairement le salaire, par esprit de sacrifice et de charité, est vaine, quelque généreuse et respectable qu'elle soit.

— Le salaire est parfois bien bas, disais-je un jour, dans un examen des cours municipaux de la ville de Paris, à une jeune ouvrière; pourquoi le patron ne l'augmente-t-il pas?

— Mais, Monsieur, me répondit-elle, cela ne dépend pas toujours de lui.

— Ah! comment cela?

— Il faut d'abord qu'il rentre dans ses frais. Si, par générosité, il se met en perte et va à la faillite, il fermera ses ateliers, et ses ouvriers se trouveront sur le pavé. Ce sera encore pire que d'être peu payés.

Ne rougissons jamais d'être salarié. Tâchons de gagner toujours le salaire que nous recevons et de ne jamais rien retenir de celui que nous devons.

L'HOMME EST UN ANIMAL QUI FAIT DES
OUTILS. ✝ ✝ ✝ ✝ ✝ ✝ ✝ ✝ ✝
FRANKLIN.

Le Marteau.

◊ ◊ ◊

JE me promenais l'autre jour dans le village. A une fenêtre je voyais le vitrier en train de poser un carreau qui, avec un petit, tout petit marteau, fixait autour du verre quelques fines pointes pour le maintenir, avant de garnir ses bords de mastic. A côté, dans son atelier, le menuisier, un marteau plus fort et à long manche à la main, assemblait avec de gros clous les pièces d'une lourde caisse. Et plus loin, tandis que le casseur de pierres, armé de sa masse, réduisait en fragments, pour la garniture de la route, les blocs de meulière ou de silex, le forgeron battait sur l'enclume une barre de fer rouge, et le marteau-pilon, nouvellement installé dans la fonderie voisine, broyait sans relâche les vieilles fontes destinées à de nouveaux moulages. Et je me demandais, en admirant toutes les formes diverses de l'emploi d'un seul et même procédé, la chute d'un corps pesant et dur sur d'autres corps, qui avait bien pu être le premier inventeur de ce merveilleux outil, le marteau, et quelle en avait été la première forme.

— Bon papa, me dit tout à coup l'enfant qui m'accompagnait et auquel je venais de communiquer ma question, je le sais bien, moi ; c'est un singe.

— Un singe ?

— Oui ; et c'est toi qui nous l'as dit ; le singe qui a pris une pierre pour casser la noix dont il voulait manger l'amande.

— Tu as raison ; et tous les autres marteaux dont nous nous servons n'ont été que des perfectionnements ou des variantes de celui-là. Mais est-ce bien réellement le premier? Et l'homme, ou le singe, avant d'armer sa main d'un corps dur, n'avait-il pas déjà à sa disposition une arme, un outil ou un organe, au moyen duquel il pouvait agir sur les corps étrangers ?

— Ah! oui, son poing, avec lequel, plus d'une fois peut-être, il avait frappé un animal dont il voulait s'emparer.

— Ou, hélas! un de ses semblables, à qui il disputait sa proie. Et ce marteau-là avait un manche comme celui du menuisier ou du forgeron ; c'était son bras, dont le manche des autres n'a été que l'allongement.

Voir *Causeries du Grand-père.*

> TOUT CE QUI SERT A L'HOMME POUR ✝ ✝
> TRAVAILLER, EN PLUS DE SES DENTS ET DE
> SES ONGLES, EST MACHINE. ✝ ✝ ✝ ✝ ✝
> **Un ouvrier anglais.**
>
> JE VIENS DE VOIR L'INTELLIGENCE HUMAINE
> DANS SA PLUS MERVEILLEUSE SPLENDEUR.
> **ABD-EL-KADER, en sortant de l'Exposition de 1856.**

Les Machines.

◊ ◊ ◊

ON crie tous les jours contre les machines. On les accuse d'asservir et de dégrader les ouvriers, en les assujettissant à la force mécanique qui les anime, en faisant d'eux les esclaves et non plus les maîtres de la matière, et en même temps on leur reproche de les réduire à l'oisiveté et à la misère, en leur enlevant le travail et, par suite, le salaire et le pain. Qu'y a-t-il de fondé dans ces reproches ? Et d'abord qu'est-ce qu'une machine ?

Nous l'avons vu déjà quand nous nous sommes demandé qui a été le premier inventeur du marteau. C'est un organe, faible d'abord et imparfait, plus puissant et plus savant ensuite, que les hommes, par imitation de ceux dont sont doués diverses sortes d'animaux, se sont donné successivement à eux-mêmes. L'homme est un animal qui se fait des outils, aurait dit Franklin. « Est machine tout ce qui, en plus des dents et des ongles, sert à l'homme pour travailler, » répondait, dans une enquête anglaise, au XIXe siècle, un ouvrier compromis dans un soulèvement contre des métiers nouveaux, et que les conséquences de cette révolte avaient fait réfléchir.

Oui, tout est machine, de ce qui arme tour à tour les mains, les yeux, les oreilles et les sens de l'homme ; et c'est par cette faculté de se doter de moyens d'action supplémentaires qu'il se distingue des autres animaux et qu'il peut modifier son existence. Machines la corne de buffle ou le bâton pointu avec lesquels un nègre, au fond de l'Afrique, gratte la surface de la terre pour y semer son mil, aussi bien que la bêche ou la pioche qui nous sert à la retourner, ou la charrue primitive de Trip-

---

Voir mon volume *Les Machines et leur influence sur le progrès social.* Hachette. *L'Industrie*, Conférence à l'Asile de Vincennes. Hachette.

tolème et la laboureuse ou la semeuse à vapeur de Mac Cornick. Machine à navette du premier tisserand, tout comme le métier à bras de nos aïeux et celui de Jacquart, brûlé sur la place Bellecour, à Lyon, avant d'être adopté et célébré partout comme un bienfait par le tisserand soulagé. Machine la hache de silex de l'homme des cavernes et des cités lacustres, comme la hache et la scie de nos bûcherons et la scierie mécanique qui débite silencieusement le bois ou la pierre, ou les grandes cisailles, filles des ciseaux de nos mères, qui mordent la fonte et l'acier. Machines encore, hélas! (puisque de tout, selon notre volonté bien ou mal inspirée, nous pouvons tirer également l'ordre ou le désordre, le bien-être ou la souffrance, la vie ou la mort); machines la massue ou l'arc avec lesquels le sauvage atteint tantôt le gibier et tantôt son semblable, l'explosif qui ouvre la mine ou déblaie la route, et celui qui renverse les édifices et ensevelit les morts sous les ruines. Machines tous les appareils et toutes les forces, bien ou mal employées, selon que nous sommes sages ou fous, grâce auxquelles nous pouvons faire ce que nous ne pourrions pas sans elles; éléments et agents de progrès, en somme, malgré les inconvénients passagers qu'entraîne leur adoption, et mesure, en quelque sorte, de la puissance intellectuelle et matérielle de l'homme.

Puissance, sans doute, répète-t-on, mais écrasement! Les machines sont fécondes; mais cette fécondité même les rend redoutables en substituant leur action à celle des faibles qu'elles remplacent. Causes de chômage, dès lors de souffrance et de misère.

« Supposez, » disait, en 1819, dans un livre qui n'était qu'un long réquisitoire contre les machines ou plutôt contre l'industrie moderne, l'historien Sismondi, « supposez que demain l'on invente une manivelle qu'il suffise au Régent d'Angleterre de tourner pour produire, sans l'intervention d'aucune autre main, tout ce que produit actuellement le travail des ouvriers anglais ; que deviendraient les ouvriers et de quoi vivraient-ils? »

Ils vivraient, a-t-on répondu, et ai-je répondu moi-même, il y a longtemps, dans mon livre sur *Les machines*, de ce dont ils vivent aujourd'hui, avec cette seule différence que ce serait le Régent qui serait chargé de le leur fournir. Ce serait le pays de Cocagne, le pain à discrétion, et le reste, sans sueur à verser pour l'obtenir. Ce qui serait peut-être il est vrai, un régime fâcheux ; car sans la peine de le mériter, le pain n'a plus son goût, et l'oisiveté universelle serait bien vite l'universelle déchéance. Mais il n'en serait pas même ainsi ; car, tous les

besoins actuels satisfaits, d'autres se présenteraient aussitôt
qui ne tarderaient pas à stimuler de nouveaux efforts. Et c'est
en réalité, comme je l'ai indiqué ailleurs, ce qui arrive, non
pas subitement, et en un tour de main, mais graduellement
et par étapes. Chaque suppression de l'une des formes du travail
actuel est un appel à un travail nouveau, pour lequel il faut
à la fois des ressources et des mains, des capitaux et des
hommes. Où aurait-on trouvé les centaines de mille ouvriers et
employés des chemins de fer, si la simplification des professions qui les occupaient n'était pas venue les rendre dispo-
nibles, et avec eux, ou, à leur exemple, ceux des industries
électriques, du télégraphe, du phonographe, de la photographie
et du reste ? Et cependant dans beaucoup de cas, comme dans
la filature, le tissage, l'imprimerie, etc., c'est dans la branche
même où s'est produite la simplification que la main-d'œuvre,
par suite de l'augmentation de consommation rendue possible,
a été, non pas seulement maintenue, mais dix fois, vingt fois,
cent fois multipliée, et que le salaire, pour un travail devenu
plus facile et peu à peu moins long, a été accru.

Le changement, il est vrai, tout progrès qu'il soit, ne s'opère
pas toujours sans trouble et sans souffrance. Ce sont, comme
me le disait, il y a un demi-siècle, le grand industriel qui a
fait la prospérité du Creusot, M. Schneider, les déménagements
de l'industrie; et les déménagements, Franklin l'a remarqué,
coûtent cher. Mais l'on ne déménage que dans l'espoir d'être
moins mal logé; et si l'on nous proposait de revenir aux cabanes
et aux huttes de nos arrière-grands-pères, les paysans dont
parle La Bruyère, « ces animaux mâles et femelles, noirs,
livides et tout brûlés du soleil », qui goûtaient quelquefois au
pain qu'ils avaient semé, nous trouverions la perspective peu
engageante. Il n'y a pas pourtant, dans toute la série des
inventions, des procédés et des outils que nous considérons
comme indispensables, un seul changement qui n'ait été, à son
époque, une nouveauté et n'ait inquiété ou dérangé quelqu'un.

Donc, quand on essaiera non de nous apitoyer sur des souffrances encore trop réelles, mais de nous faire maudire le progrès de l'outillage humain comme une cause de misère et de
dégradation; quand on nous vantera, comme un âge d'or, ces
époques où la châtelaine, dans son manoir, filait le chanvre et
la laine, et la paysanne, dans sa chaumière, tissait et taillait
elle-même le pauvre bourgeron ou la misérable blouse de son
homme; quand on nous montrera comme une conséquence de
l'asservissement de l'ouvrier à la machine le développement

du fléau, soi-disant nouveau, du paupérisme ; quand on nous
répétera sur tous les tons ce cri douloureux de Michelet :
« L'ouvrière, mot nouveau, mot impie, qu'aucun âge ne con-
nut jamais avant le nôtre ! » rappelons-nous, sans méconnaître
et sans cesser de combattre les imperfections de notre temps,
cette déclaration catégorique d'un autre historien, l'illustre
Macaulay : « *Plus on examine avec attention l'histoire du passé,*
plus on voit combien se trompent ceux qui s'imaginent que notre
époque a enfanté de nouvelles misères sociales . LA VÉRITÉ EST
QUE CES MISÈRES SONT ANCIENNES. CE QUI EST NOUVEAU, C'EST
L'INTELLIGENCE QUI LES DÉCOUVRE ET L'HUMANITÉ QUI LES SOU-
LAGE. »

Et les machines, instrument et expression de notre empire,
toujours imparfait, mais croissant, sur la nature, sont notre
arme dans cette lutte incessamment renouvelée contre le primitif dénûment. « Je viens de voir l'intelligence humaine dans
sa plus merveilleuse splendeur ! » disait, en sortant de l'une
de nos Expositions, celle de 1856, je crois, notre grand ennemi
Abd-el-Kader.

SOCIÉTÉ, C'EST ÉCHANGE. ✝ ✝ ✝ ✝ ✝
BASTIAT.

Le Commerce.

◊ ◊ ◊

JE vais étonner, et peut-être scandaliser bien des gens en
leur demandant quel est leur commerce. « Nous ne sommes
pas des commerçants, » vont-ils crier à l'envi, et non sans
humeur ; « nous sommes des bourgeois, des rentiers, vivant
de nos revenus, des fonctionnaires qui touchons nos appoin-
tements, des médecins auxquels on offre, avec des remer-
ciements, des honoraires, ou des avocats à qui il est interdit
de faire payer leur parole, mais qui n'acceptent de se charger
d'un dossier qu'après avoir vérifié si la première pièce placée
sous la couverture est suffisamment sérieuse. »

Ils se trompent. Tous sont commerçants, puisque tous, sans
exception, vendent et achètent, et ne vendent que pour acheter, de même qu'ils ne travaillent que pour vendre. Et n'est-ce
pas là, n'en déplaise à M. Jourdain, ce qui s'appelle faire du
commerce ? Je fais des livres dont je tâche de tirer parti ; je

joue la comédie ou je donne des concerts; je suis professeur, cultivateur, boulanger, ou portefaix; je vis de mes rentes, enfin, et je me targue de vivre noblement, sans rien faire : c'est toujours à faire payer ma peine, mes talents, mes produits ou l'usage de ce que je possède que je vise; et mon but, en le faisant, est de pouvoir payer, pour en jouir, la peine, les talents, les produits ou l'usage des biens des autres. Vente et achat, échange de services, commerce, commerce partout et pour tout.

La société, considérée au point de vue matériel, n'est pas autre chose; et l'essentiel c'est que cet échange soit honnête, valeur pour valeur; ce qui ne peut se réaliser que s'il est libre, chacun, à sa façon, et selon ses besoins et ses goûts, appréciant l'importance de la privation à laquelle il consent et celle de l'avantage qu'il se procure.

Utile, donc, ce commerce décrié, utile et honorable. Ce n'est pas assez dire, noble et grandiose parfois, jusqu'à devenir l'un des agents les plus puissants et les plus sûrs de l'ordre et de la paix. Écoutons ce qu'en disait, au XVIII° siècle, dans sa comédie *Le Philosophe sans le savoir*, le bon et aimable Sedaine :

« Quel état, mon fils, que celui d'un homme qui d'un trait de plume se fait obéir d'un bout de l'univers à l'autre ! Son nom, son seing n'a pas besoin, comme la monnaie d'un souverain, que la valeur du métal serve de caution à l'empreinte, sa personne a tout fait; il a signé, cela suffit.... » « Ce n'est pas une seule nation qu'il sert; il les sert toutes et en est servi : c'est l'homme de l'univers.... » « Quelques particuliers audacieux font armer les rois, la guerre s'allume, tout s'embrase, l'Europe est divisée; mais le négociant anglais, hollandais, russe ou chinois n'en est pas moins l'ami de mon cœur. Nous sommes sur la superficie de la terre autant de fils de soie qui lient ensemble les nations et les ramènent à la paix par la nécessité du commerce. Voilà, mon fils, ce que c'est qu'un honnête négociant.... »

TOUTE MARCHANDISE EST MONNAIE, ET ✝
TOUTE MONNAIE EST D'ABORD ET AVANT
TOUT MARCHANDISE. ✝ ✝ ✝ ✝ ✝ ✝ ✝
TURGOT.

LA MONNAIE N'EST POINT AU PRINCE ; ELLE
EST A CEUX QUI L'OBTIENNENT. ✝ ✝ ✝
Nicole ORESME.

La Monnaie.

CE sont, à ce qu'il semble, les choses que nous avons le plus constamment sous les yeux qui devraient nous être le mieux connues. Ce sont souvent, au contraire, celles que nous connaissons le moins bien. A force de vivre en face d'elles, a remarqué Rousseau, elles nous deviennent indifférentes, et nous finissons en quelque sorte par ne plus les voir, ou nous les voyons imparfaitement, sous certains aspects, qui ne nous en donnent qu'une idée incomplète et, partant, fausse.

Il en est ainsi, entre autres, de la monnaie, dont tout le monde, peu ou beaucoup, se sert, que tout le monde, par conséquent, croit connaître, et dont bien peu, en réalité, comprennent bien la nature et le fonctionnement. « Il faudrait, écrivait un jour un spirituel publiciste, Edmond About, n'avoir jamais eu deux sous dans sa poche pour ne pas savoir ce que c'est que le billon. » Or il prenait la plume précisément pour l'expliquer, et, à propos du billon, exposait le rôle de la monnaie, dont le billon n'est qu'un accessoire, bien convaincu que la plupart de ses lecteurs n'en avaient guère idée.

Les trois quarts des hommes, y compris les femmes, se figurent que la monnaie est la richesse, et confondent volontiers la richesse individuelle de chacun de nous, et pareillement la richesse collective d'une nation, avec la quantité de monnaie, c'est-à-dire de métal blanc ou jaune, façonné en pièces d'un certain modèle, que possède cet individu ou cette nation. La plupart aussi s'imaginent que ces pièces de métal, qu'ils appellent de la monnaie, doivent leur valeur à la volonté du souverain, Roi, Empereur ou Chef de République, qui en a décrété la fabrication, et aux empreintes, signes ou dénominations, qui y sont inscrites. Ce sont là autant d'erreurs, et d'erreurs graves et dangereuses [1].

D'abord la monnaie, telle que nous la connaissons, n'est qu'une très faible partie de la richessse, c'est-à-dire de l'ensemble des ressources qui se trouvent à la disposition de ses possesseurs. Il n'y en a peut-être pas, dans tout l'ensemble du globe, pour plus de cinquante milliards [2]. A combien de centaines de milliards peuvent être évaluées les consommations annuelles de l'ensemble des nations ; les produits de l'agriculture, de l'industrie, des arts, les échanges de marchandises de localité à localité, de région à région et de continent à continent ; combien de paiements, par suite des déplacements successifs des marchandises et des personnes, sont journellement opérés sans que la monnaie soit matériellement employée pour les effectuer ? On ne les chiffre pas à moins de plusieurs centaines de milliards, dans les bureaux des banques et dans ces établissements que l'on appelle des *Bourses de compensation*, à Londres, à New-York et ailleurs, sans, pour ainsi dire, qu'une pièce de monnaie intervienne [3].

Ensuite, ce n'est aucunement, en réalité, le pouvoir public, quel qu'il puisse être, qui fait la valeur de la monnaie ; et la forme ou les empreintes qui la font accepter comme valable ne sont autres choses, de la part de ce pouvoir public, que la constatation de la pureté du métal dont elle est composée et de la quantité de ce métal contenu dans chaque pièce. La monnaie est une marchandise comme une autre, acceptée, à raison de certaines qualités qui la rendent particulièrement propre à cet office, comme marchandise universelle et comme évaluateur commun des autres marchandises. Car toute marchandise est monnaie, comme l'a dit Turgot, puisqu'elle sert ou peut ser-

---

1. Voir mon *Histoire d'une pièce de cinq francs et d'une feuille de papier*. (Alcan).

2. Stock monétaire, d'après les chiffres relevés par M. A. Neymarck.

Or . . . . . 34.440.000.000 de Francs
Argent . . . 16.300.000.000 »
Ensemble . . 50.740.000.000 »

3. Aux *Clearing Houses* des Etats-Unis, en 1908, 650 milliards. — En Angleterre 300 milliards. — En France, la Banque de France a, en 1908, payé et reçu en *virements* 170 milliards.

« On peut dire que, sans aucune monnaie, il s'opère des compensations, aux Etats-Unis, en Angleterre, en France et en Allemagne, pour plus de 1200 milliards. »

vir à se procurer d'autres marchandises ou services. Et toute monnaie, a-t-il ajouté, est d'abord et nécessairement marchandise.

Remontons, pour nous en rendre bien compte, à l'origine. « L'homme, » dit encore Turgot, « fait avec la nature un premier commerce, » c'est-à-dire qu'il paie de sa peine, qui est sa monnaie primitive, les satisfactions qu'il arrache à la nature. Le fruit qu'il va cueillir sur l'arbre, le gibier ou le poisson dont il s'empare sont la marchandise qu'il achète, et son travail est le prix qu'elle lui coûte.

Il fait un second commerce avec ses semblables. Le chasseur ou le pêcheur livre du gibier ou du poisson au cultivateur, qui lui livre du blé. Le vigneron reçoit de l'huile en échange de son vin, et réciproquement. Ce que chacun donne, ou ce que chacun fait est la monnaie avec laquelle il achète ce que l'autre lui vend ou fait pour lui : donnant, donnant.

Mais ces échanges en nature, ces *trocs*, comme on les a appelés, ne peuvent suffire, et ne se prêtent pas à toutes les circonstances. Le besoin d'une marchandise commune, pouvant servir à toute heure de paiement, et demeurée entre les mains du vendeur comme objet de compensation actuelle, ou comme gage d'un achat ultérieur, se fait sentir. Et l'on convient instinctivement de reconnaître, comme équivalent des autres marchandises, une marchandise déterminée, d'un usage général et d'une conservation tout au moins relative. Ce sont les fourrures, le sel, le blé, le tabac, les clous, les peaux de bœufs ou les têtes de moutons, monnaies imparfaites, malgré leur utilité, embarrassantes et parfois dispendieuses à conserver, difficiles à apprécier par la différence d'un échantillon à un autre, et qui constituent, par suite, des gages insuffisants.

Il s'est trouvé, heureusement, une autre marchandise, recherchée, à cause de ses qualités propres, par tous les hommes, relativement rare et, par conséquent, relativement chère, d'une conservation en quelque sorte indéfinie, facile à reconnaître à son poids, à sa couleur et à sa sonorité, se prêtant à la fonte, à la frappe et à la gravure, s'usant peu en passant de mains en mains, peu ou point altérable aux influences extérieures, et constituant, dès lors, un gage exceptionnellement sûr entre les mains de ceux qui l'acceptent. Cette marchandise, toujours semblable à elle-même, divisible ou réunissable sans difficulté et presque sans frais, c'est l'or et, à son défaut, l'argent. Et de même que, pour nous rendre compte de la quantité et, par conséquent, de la valeur proportionnelle au moins des marchan-

dises diverses qui se pèsent ou se mesurent, nous avons imaginé de les vendre ou de les acheter par grammes ou kilo-
grammes, par litres ou hectolitres, par stères ou autrement,
nous avons, dans tous les pays du monde, façonné en pièces
d'un poids et d'un titre déterminés les morceaux de métal blanc
ou jaune que nous destinions à nous servir de monnaies habi-
tuelles et légales. Mais ces monnaies, en réalité, nous les
échangeons, nous les recevons ou nous les cédons en échange
d'autres marchandises, comme celles-ci, à raison de leur valeur
intrinsèque, au poids et au titre, et non à raison des signes ou
empreintes dont elles sont revêtues et d'une décision de la
puissance souveraine, qui aurait la vertu de leur conférer des
mérites qu'elles n'auraient point par elles-mêmes.

Quand la loi déclare que tout morceau d'or ou d'argent qu'elle
appelle *dollar*, *shilling* ou *franc*, sera reçu en paiement pour
les acquisitions estimées valoir un certain nombre de dollars,
de shillings ou de francs, elle ne fait autre chose que déclarer
que les pièces émises par le gouvernement, ou contrôlées par
lui, contiennent bien réellement une quantité connue du métal
monétaire. Quant à la valeur qu'auront ces pièces de monnaie
par rapport aux autres marchandises, c'est aux acheteurs et aux
vendeurs a la déterminer et à s'en rendre compte. Le souverain,
comme le disait, au temps de Charles V, l'un de ses conseillers,
l'évêque Nicole Oresme, ne fait pas la valeur de la monnaie;
«Il ne peut que signer icelle monnoie de l'impression honnête. »
Il lui donne en quelque façon son signalement et son passeport.

Il n'en est pas davantage, par privilège, propriétaire suzerain,
au détriment des particuliers. « La monnoie n'est pas au Prince, »
disait encore Nicole Oresme; « elle est à ceux qui l'obtiennent. »
« Si aucun, par travail et sueur de son corps, qu'il était libre
de faire et donner ou de s'en abstenir, a acquis *icelle monnoie;*
elle est à lui, comme à lui étaient travail et sueur de son corps. »

A quoi il faut ajouter, comme je le dis ailleurs, que cette
monnaie métallique, en quantité relativement faible par rapport à l'ensemble des produits et des services qui s'échangent
entre les hommes, ne suffirait pas à son office si elle devait
toujours réellement et matériellement intervenir dans ces
échanges. En fait, elle est suppléée, dans le plus grand nombre
des cas, par des représentants, sans valeur par eux-mêmes
(promesses, effets de commerce, billets de banque) qui ne sont
acceptés que parce qu'ils sont garantis par elle, c'est-à-dire
par la certitude où la très grande probabilité tout au moins d'être
convertissables à volonté en espèces sonnantes.

Et c'est pourquoi, quand le crédit d'un particulier, ou même le crédit d'un État paraissent n'être pas absolument solides, leur papier, quoi qu'ils fassent pour le faire accepter au pair, subit nécessairement une dépréciation qui peut aller, dans les cas extrêmes, jusqu'à la nullité complète. C'est ce qui a eu lieu, notamment, en 1720, pour les billets de la fameuse banque de Law, et, pendant la Révolution Française, pour les assignats.

Il convient d'ajouter comme moyen de se passer du paiement effectif en espèces les procédés de comptabilité, comme les compensations, par lesquelles, en annulant, de part et d'autre, les sommes que l'on peut se devoir réciproquement, les paiements, parfois les plus considérables, peuvent n'être plus qu'une question d'écritures.

Mais quels que soient les procédés ainsi employés, et de quelque utilité qu'ils puissent être, il faut bien se garder de les considérer comme permettant de supprimer la monnaie métallique et de la remplacer par des billets d'État, auxquels il serait donné cours forcé. Il faut toujours, pour que ces billets, quelle qu'en soit la forme, aient cours et soient acceptés, qu'ils aient une valeur et soient garantis par une marchandise valant par elle-même, qui est non seulement leur gage, mais leur mesure.

Que signifieraient des billets de cent, cinq cents ou mille francs, s'il n'y avait quelque part des réalités qui s'appellent des francs?

UN PEUPLE RICHE EST UN PEUPLE QUI EMPLOIE BIEN SON TEMPS. † † † † †

Time is Money.

◦ ◦ ◦

LE temps, *c'est de l'argent*, disent les Anglais, et ils ont bien raison. Mais l'argent, à son tour, c'est du temps; car pour s'en procurer, soit sous sa forme matérielle, en lingots ou en parcelles, extraits des roches ou des composés argentifères, soit en monnaie, salaires du travail ou en objets de consommation, il a fallu commencer par employer ses jours ou ses heures en efforts destinés à obtenir ce métal ou à gagner la rétribution du travail qui le fournit. Si la journée de travail moyenne, dans un pays et à une époque, vaut trois francs, cela signifie que pour obtenir trois francs d'argent, il faut, en moyenne, dépenser une journée de travail. La monnaie première, ou dernière, c'est le temps, ou la vie, puisque nous n'avons, en fin de compte, que cela vraiment à nous, et que tout se résout en emploi de la vie et du temps. « Un peuple riche est un peuple qui emploie bien son temps. » Un peuple pauvre est un peuple qui perd le sien ou le dissipe en bagatelles et en niaiseries. Et, comme un peuple se compose d'individus, cela revient à dire que la première des richesses, pour chacun de nous, c'est le bon emploi du temps.

> Ne perdons pas le temps, car le temps c'est la vie
> Qui, sans retour ravie,
> Vide ou d'œuvres remplie,
> S'écoule à tout moment.

..... POINT D'EMPRUNTS, PARCE QUE TOUT EMPRUNT DIMINUE TOUJOURS LE REVENU LIBRE; IL NÉCESSITE, AU BOUT DE ✝ ✝ QUELQUE TEMPS, OU LA BANQUEROUTE OU L'AUGMENTATION DES IMPOSITIONS..... ✝
TURGOT (Lettre au roi).

AVEC CE SYSTÈME, UN PEUPLE NE SAIT ✝ ✝ JAMAIS RÉELLEMENT OÙ IL VA. ✝ ✝ ✝ ✝
GLADSTONE (A l'occasion de la guerre de Crimée).

Le Crédit.

◊ ◊ ◊

> Un tiens vaut, ce dit-on, mieux que deux tu l'auras :
> L'un est sûr, l'autre ne l'est pas.

AINSI pense, et il a raison, le pêcheur de la fable, mettant dans la poêle, au lieu de le rejeter à l'eau, le carpillon qui lui promet de se laisser repêcher à l'état de grosse carpe.

Et l'humanité, dans son ensemble, fait de même. Elle vit dans le présent, qui seul existe pour elle, et non dans le passé, qui n'est plus qu'un souvenir, ou dans le futur, qui n'est encore

qu'une espérance et ne sera jamais peut-être une réalité. Mais
elle ne vit pas que du présent; et si le passé ne lui avait pas
préparé le présent, si ce présent, en ce qu'il est, n'était pas
animé et soutenu par la préoccupation de l'avenir, elle ne serait
pas ce qu'elle est et ne pourrait devenir ce qu'elle deviendra.
Aujourd'hui est le fils d'hier et le père de demain. Oui, hier
aussi a été le fils d'aujourd'hui, et aujourd'hui est le fils de
demain. C'est parce que nos prédécesseurs ont travaillé, et
laissé derrière eux des fruits de leur travail que nous sommes
ce que nous sommes; mais c'est parce qu'ils ont pensé à nous,
qu'ils ont été ce qu'ils ont été et fait ce qu'ils ont fait, et c'est
parce que nous songeons à demain, pour nous ou pour ceux qui
nous succéderons, que nous travaillons aujourd'hui. Nous
mangeons, parce que d'autres avant nous ont semé; nous semons
parce que sans cela d'autres après nous, et nous-mêmes demain
ne pourrions manger; et c'est cette préoccupation de demain
qui nous fait vivre aujourd'hui.

Ce n'est pas assez dire. Ce demain qui n'existe pas encore,
et qui, par conséquent, ne semble pouvoir nous aider à
travailler et à produire qu'en excitant en nous l'activité par
l'espérance, il peut aussi (et il le fait dans une large mesure)
contribuer à nous fournir aujourd'hui même les moyens de
travailler, les matériaux à mettre en œuvre, le capital à engager dans des opérations fructueuses, et le concours de collaborateurs dont nous avons besoin.

Un homme possède un terrain inculte, qu'il veut défricher
et ensemencer. Il n'a ni charrue, ni blé, ni argent pour payer
un ouvrier dont le travail lui serait indispensable. Il ne peut
rien. Si; il est laborieux, économe, de bonne réputation, et le
travail qu'il veut entreprendre sera, selon toute apparence,
très rémunérateur. Des voisins, qui, le connaissant, ont confiance en lui, lui prêtent une charrue, lui avancent un sac de
blé, font pour lui quelques journées, à charge, lorsqu'il aura
récolté et vendu son blé, d'être payés convenablement des services qu'ils lui auront rendus. Ils ont cru en lui. Ils lui ont fait
crédit, et s'ils ont eu raison de lui faire crédit, leur confiance,
sans ajouter, pour l'instant, une charrue à celles qui existaient,
un grain de blé au produit de la récolte antérieure, et un homme
au chiffre des travailleurs agricoles, aura augmenté le travail
utile, l'emploi de la charrue prêtée et le rendement du blé
emmagasiné.

De même à l'infini. Un autre est inventeur, ingénieur, que
sais-je? C'est James Watt perfectionnant la machine à vapeur;

Fulton l'appliquant à la navigation ; Stephenson imaginant sa
machine voyageuse, destinée à devenir) entre les mains de ses
successeurs, le puissant engin qui relié les régions et leurs
habitants, et, suivant le mot de Gladston, « l'une des grandes
navettes de la trame de l'unité humaine [1]. » Leurs inventions
sont admirables. Nous le savons bien aujourd'hui. Mais, au
moment où ils les ont conçues, elles paraissent si merveilleuses
que personne n'y veut croire ; et c'est par la raillerie et l'incrédulité que les savants eux-mêmes les accueillent. Ils sont
d'ailleurs dépourvus de ressources pour tenter utilement la
réalisation de leurs hardis projets. Ils auront travaillé en vain
comme avait travaillé avant eux, parmi d'autres, le pauvre
Denis Papin, voyant briser, sur la Fulda, par les bateliers du
Weser, son premier bâteau à feu. Des hommes plus intelligents
ou plus généreux que d'autres se rencontrent. C'est Mathieu
Boulton, mettant à la disposition de Watt ses capitaux et ses
usines ; ce sont les Pease faisant confier à Stephenson la con-
truction d'un chemin de fer, et lui fournissant les moyens de
construire lui-même, dans ses ateliers, ces appareils que ne
comprennent pas encore ses contemporains ; c'est le Chancelier
Américain Livingstone qui, après de longs déboires et de cruels
mécomptes, met enfin Fulton à même de lancer, sur l'Hudson,
son *Clermont*, baptisé encore par les gens pratiques du nom de
« Folie Fulton ».

Ces bienfaiteurs de l'industrie nouvelle qui va révolutionner
le monde n'ont pas, eux non plus, ajouté, au moment où ils ont
fait crédit aux inventions méconnues, un dollar ou une livre
sterling au capital de leur patrie ou de l'humanité ; mais, en
mettant à la disposition de leurs grands compatriotes désarmés
les ressources qui leur faisaient défaut, ils ont provoqué
l'éclosion de cette série d'inventions et de progrès, et fait les
plus admirables semailles de travail productif et de richesse.

Tel est, sous quelque forme qu'il se produise et à quelque
œuvre qu'il s'applique, le rôle du crédit. Telles en sont à la fois la
grandeur et les limites. Et il importe, en reconnaissant les
services qu'il peut rendre, de ne point en exagérer la portée et
de ne point lui demander, au risque des plus cruels mécomptes,
ce qu'il est incapable de donner.

De grands travaux considérés, à tort ou à raison, comme
d'utilité publique, paraissent nécessaires. Mais, pour les

---

1. Voir *Le Petit Poucet du XIX siècle*. Hachette et Cie.

exécuter, il faut des sommes considérables, l'emploi et la rétribution, pendant de longs mois, d'une multitude d'ouvriers, de contre-maîtres et d'ingénieurs. Qu'à cela ne tienne, dit-on. Vous ne pouvez pas, ou vous n'osez pas demander aux contribuables les centaines de millions qui les écraseraient. Demandez-les sous forme d'emprunt, au lieu de les demander sous forme d'impôts; et sur le produit des services nouveaux que vous allez leur rendre, vous les rembourserez dans dix, vingt ou trente ans.

C'est à merveille, si, en effet, les travaux sont nécessaires, ou simplement utiles et rémunérateurs, et s'ils doivent, comme vous l'affirmez, rembourser un jour tout ce qu'ils auront coûté. Ce n'est pas là, malheureusement, ce à quoi, particulier, municipalité ou Etat, l'on a la sagesse de se borner. On emprunte pour se dispenser de faire aujourd'hui la dépense, et parce que de cette façon l'on n'est pas arrêté par l'impossibilité de solder la note. On s'engage à la légère dans la voie des dettes et des déficits ; on se leurre de l'espérance des bonnes années qui couvriront tout; et ce sont les mauvaises années qui surviennent. On se dit, si l'on est conseil municipal, ou parlement, que l'on évite d'augmenter imprudemment les impôts; et l'on ne s'aperçoit pas que, comme le disait Turgot, dans son admirable lettre à Louis XVI, tout emprunt conduit fatalement à l'impôt, ne fût-ce que pour en payer l'intérêt, ou à la banqueroute. Les 140 ou 150 milliards de dettes dont sont grevées les finances des nations européennes et les 30 à 40 ou 50 o/° de leurs impôts qu'elles doivent supporter chaque année pour solder les intérêts de ces dettes, disent assez où l'on va quand on demande au crédit autre chose que de permettre, en les subventionnant, des dépenses productives, augmentant la richesse commune au lieu de la diminuer. Cette habitude de rejeter, à ce que l'on croit, ses charges sur les épaules des générations futures, disait le grand ministre Gladstone, à propos des emprunts contractés par l'Angleterre pour la guerre de Crimée, cette habitude n'est ni honnête ni sage. Avec elle, on ne sait jamais où l'on va.

Et ce ne sont pas seulement les gouvernements qui sont dupes de cette fantasmagorie du crédit; ce ne sont pas seulement les particuliers qui, en se laissant aller, sur la foi d'espérances chimériques, à des dépenses douteuses, se créent les plus graves embarras. Ce sont les sociétés dans leur ensemble, les foules sur lesquelles pèse le poids du jour et qui croient s'en décharger. Ce sont les rêveurs et les faux prophètes de

toutes sortes qui nous crient à toute heure, et trop souvent
nous persuadent, qu'ils ont trouvé un moyen d'aplanir pour
tous et sans peine la route du progrès ; et que la pierre philo-
sophale des anciens alchimistes n'était pas une chimère. Il
n'est pas difficile, répétent-ils à l'envi, de développer la richesse
et d'éteindre la misère. Il n'y a qu'à faire appel au crédit. C'est
un magicien à qui rien n'est impossible. Les ressources vous
manquent? Demandez-les à l'avenir ; faites appel au crédit,
puisez dans l'inépuisable réservoir des futures moissons et de
fécondité infinie du développement du génie humain. Faites
mieux. Débarrassez le travail de la difficulté de se procurer
les ressources qui lui manquent. Décrétez le crédit universel
et gratuit. Que chacun, selon ses besoins, trouve à emprunter
ce qui lui est nécessaire ; et la multiplication des activités de
toutes sortes aura bientôt répandu partout l'abondance et le
bien-être.

Crédit universel, malheureux! Mais le crédit, c'est-à-dire la
mise à la disposition des emprunteurs des choses dont ils voudraient être pourvus, est nécessairement limitée, à toute époque,
par la quantité de ces choses qui existent. S'il n'y a dans un
pays qu'une quantité déterminée de capitaux, d'outils, de charrues, de machines, n'est-il pas évident qu'il ne pourra en être
prêté et, par conséquent, emprunté, un seul exemplaire de plus ?
Vous pouvez, par un bon emploi de ce qu'existe, en augmenter,
pour demain ou après demain, la quantité; pour aujourd'hui,
il faut, bon gré mal gré, vous contenter du stock existant. Là
où il n'y a plus rien, l'emprunt, comme le roi, perd ses droits.

Crédit gratuit! Crédit aveugle, en d'autres termes. Le premier venu, à sa fantaisie, allant emprunter, qui l'argent, qui
l'outil, qui la maison, qui le sac de blé; mais ce serait la fortune publique au pillage! Et combien de temps faudrait-il, si la
dure leçon de la misère ne contraignait bientôt à un amer
repentir, pour anéantir absolument tout le fruit du travail
passé?

Non, pas de crédit gratuit, pas de crédit universel, dans l'intérêt même de ceux qui en auraient le plus besoin: mais, s'il
est possible, un crédit intelligent et clairvoyant, un crédit honnête, un crédit au concours, c'est-à-dire réservé à ceux qui, en
présentant le plus de garanties, et en le payant ce qu'il mérite
d'être payé, se montrent les plus capables d'en faire un bon
emploi, et de le faire fructifier, pour leur bien et pour le bien
de leur entourage. Crédit : croyance, confiance. Croire tout le
monde, se confier à tout le monde, c'est sottise, c'est duperie,

c'est, sous une fausse apparence de bienveillance et de bonté, la plus sûre manière de trahir les intérêts de ses semblables et de les engager sur la pente fatale qui conduit au désordre et à la ruine.

LA CONCURRENCE EST LE SEUL MOYEN DE CONTRAINDRE L'INTÉRÊT PERSONNEL A ✝ TRAVAILLER DANS L'INTÉRÊT GÉNÉRAL. ✝ CONTRE-AMIRAL RÉVEILLÈRE.

La Concurrence.

◊ ◊ ◊

MAUDITE concurrence, concurrence impitoyable, cause principale de nos maux ! répètent en chœur les trois quarts de ceux qui ne sont point satisfaits de la marche de leurs affaires. Et d'autres, ne se doutant peut-être pas qu'ils disent la même chose, et qu'ils disent une énormité, mettent le Gouvernement en demeure de supprimer « l'odieuse loi de l'offre et de la demande ».

Pourquoi pas la loi de la gravitation ou de la pesanteur, ce qui reviendrait au même, tout simplement ? Car il ne manque pas de cas où elle cause des accidents, la loi de la pesanteur. C'est elle qui nous fait tomber des tuiles ou des cheminées sur la tête, entraîne, dans les vallées, les masses de neige qui constituent les avalanches, fait glisser sur les pentes des pans de montagnes qui engloutissent en un instant des villages entiers, et nous fait nous-mêmes, quand nous posons le pied à faux ou nous penchons imprudemment au bord d'un abîme, nous casser la jambe ou disparaître dans le vide. Oui, la loi de la pesanteur est dure pour ceux qui s'exposent à ses coups ; mais elle est bienfaisante pour ceux qui savent se servir d'elle, et il n'est au pouvoir de personne d'en modifier l'action : il n'est permis que de l'étudier, pour s'en servir et se garantir, si possible, de ses menaces.

De même de la loi de l'offre et de la demande, qui n'est autre chose que la manifestation, dans l'ordre économique, de cette loi de la gravitation. C'est la loi de l'équilibre des prix. Deux poids sont en opposition dans les deux plateaux d'une balance ; infailliblement, quelles qu'en puissent être les conséquences, le plus lourd l'emportera. Deux hommes, deux chevaux ou deux forces quelconques tirent en sens inverse sur la même corde ;

la plus faible sera entraînée. Deux demandeurs désirent le même
objet ; celui qui en offre le prix le plus élevé (si c'est à prix
d'argent qu'il peut s'obtenir) celui qui est le plus sympathique
(si c'est une faveur ou une obligeance), celui qui inspire le
plus de confiance (si c'est une avance, un prêt ou un engagement à prendre), sera préféré : déception pour l'autre ou les
autres, naturellement, épreuve cruelle parfois. Mais comment,
autrement, les préférences ou les refus pourraient-ils être jus-
tifiés, et quel mobile serait capable de pousser les hommes à
se rendre les uns aux autres, sous les mille formes que comportent l'emploi de leur temps ou l'abandon de leurs possessions, les services réciproques dont ils ont besoin?

Concurrence, c'est concours, ou, si vous voulez, mise aux
enchères et adjudication au plus offrant.

Oui, répond-on; mais que d'abus dans cette enchère, que de
fraudes, que de violences, que de pièges tendus à la bonne foi
des acheteurs, et que d'atteintes portées à la fortune, à la
réputation ou à l'honneur des concurrents! Voyez ces réclames
effrontées, ces insinuations perfides contre des rivaux, ces
recommandations obtenues à prix d'argent, et au péril de la
santé publique souvent, pour des appareils de chauffage, des
aliments, des médicaments; et ces fortunes scandaleuses faites
en un tour de main avec des produits sans plus de valeur
vénale que de valeur hygiénique ou médicinale! La concurrence,
c'est l'écrasement du faible par le fort, le dépouillement de
l'honnête par le malhonnête, le mensonge et la spoliation en
permanence!

Et quand ce serait vrai; quand les abus que vous réprouvez
à trop juste titre ne seraient pas précisément le contraire de la
véritable concurrence, du concours loyal et libre que la loi a
pour but et pour devoir de faire respecter, croyez-vous par hasard que l'intervention de la puissance publique, pour déterminer le véritable prix ou la réelle qualité des services et des
produits, peut être une garantie sérieuse contre les erreurs et
les fraudes? N'a-t-on pas vu, toutes les fois que l'administration
même la mieux intentionnée s'est mêlée d'assurer ou de régler
l'approvisionnement des marchés, de fixer par des maximums
ou des minimums ce qu'elle croyait le prix normal des choses,
ou de recommander, ou de proscrire tels travaux, tels aliments
ou telles boissons, les plus ridicules et les plus malfaisantes
déceptions, démontrer la fatale impuissance et l'inévitable
malfaisance de cette ingérence de l'autorité dans le domaine de
la liberté? Les médecins ont proscrit le quinquina et l'émé-

tique ; et l'un des plus illustres parmi eux, le spirituel et mal-
veillant Guy Patin, s'est moqué de « la prétendue circulation
du sang ». Les boulangers se sont vu interdire la fabrication
du pain de gruau, et la pomme de terre a été déclarée malsaine.
Le Parlement de Bourgogne, qui n'aimait que le bon vin, a
interdit, en le qualifiant d' « infâme », la culture du *gamay*, qui
fournissait au peuple une boisson d'un prix abordable. Le Conseil du roi Louis XIV a aggravé les conséquences de la terrible
famine de 1709 en interdisant aux cultivateurs de réensemen-
cer leurs champs, stérilisés par l'effroyable gelée du 6 janvier
et des jours suivants. Et il a, une autre année, fait labourer,
comme ne pouvant produire, des terres dans lesquelles la moisson ne demandait qu'à lever. Toutes les interventions officielles
pour maintenir ou pour contenir les prix, pour combattre les
crises, pour approvisionner administrativement les marchés,
ont abouti à des déceptions ou à un redoublement de souffrances.
Et, d'une façon générale, toutes les nouveautés, toutes les inventions, tous les progrès troublant et gênant nécessairement
des habitudes et des intérêts, se heurtant à l'incrédulité et aux
défiances du public et des savants eux-mêmes, ont eu à lutter
contre des préventions qui les auraient presque toujours, et
qui les ont plus d'une fois, fait condamner, si les contradicteurs
avaient été écoutés, comme irréalisables ou dangereuses. Il n'y
a pas, hélas ! d'autre critérium, pour décider tant bien que mal
du mérite ou du démérite des procédés et des produits, obvier le
moins imparfaitement possible aux encombrements et aux déficits, aux hausses et aux baisses de prix, que le nivellement
naturel de l'offre et de la demande, l'appel de la cherté, qui
foisonne, comme le dit le proverbe, et le contre-appel de la
mévente. L'État, encore une fois, ne peut rien pour suppléer la
liberté ; il ne peut et ne doit que la faire respecter.

Mais la liberté et la concurrence, qui en est l'exercice, n'est
point le désordre, l'anarchie et la fraude comme on se l'imagine.
C'est un concours, ai-je dit. Un concours doit être loyal. Un can-
didat à un grade ou à un poste a le droit, le devoir même de
montrer, pour se faire agréer ou préférer, tout ce qu'il sait et
tout ce qu'il vaut ; il n'a pas le droit de se servir de fausses
pièces, de faire subir par un autre, sous un faux nom, les
épreuves qui lui sont demandées, et de voler à des concurrents
plus honnêtes la place dont il est indigne. Un marchand n'a
pas davantage, sous prétexte de concurrence, le droit de falsi-
fier les produits qu'il offre au public, de donner à son vin, à son
huile, à son café une dénomination mensongère. Il peut vendre

ce qu'il veut; mais à la condition de ne tromper ni sur la qualité, ni sur la quantité. Un boulanger qui vous offre du pain à
meilleur marché en vous faisant connaître les mélanges de fa-
rines diverses qui lui permettent un abaissement de prix ne
vous trompe point. Mais un boulanger qui vous garantit une
qualité de farine supérieure à celle qu'il emploie vous trompe
et viole les lois de la concurrence. De même celui que j'ai vu
jadis afficher du chocolat avec 15 % de fécule était un honnête
homme; celui qui vous garantit pur cacao et sucre du chocolat
dans lequel il a introduit, ne fût-ce que 5 %, d'autres matières,
vous trompe et mérite d'être poursuivi. Réprimer ces abus, punir, lorsqu'elles sont constatées, les altérations de qualité ou
les déficits de quantité, voilà le rôle de l'autorité publique.

Il est bien possible qu'elle ne le comprenne pas toujours et
qu'elle ne le remplisse pas comme il le faudrait. Mais n'est-ce
pas aussi bien souvent de notre faute si la concurrence se fait
à nos dépens? Est-ce tout à fait sans raison que certains mar-
chands, quand on leur adresse des reproches au sujet de l'au-
thenticité prétendue de leurs marchandises, répondent que ce
sont leurs clients eux-mêmes qui les y forcent, exigeant qu'on
leur délivre, sous le nom de Bordeaux, à des prix impossibles,
ce qu'ils savent très bien n'être pas du Bordeaux; qu'on leur
fournisse du chocolat à un prix notoirement inférieur à celui du
cacao le plus vulgaire, ou des étoffes pure soie ou pure laine
évidemment mélangées dans des proportions diverses? Nous
sommes trompés; mais à qui la faute?

DONNE-MOI DE QUOI QU'T'AS; J'TE ✝ ✝
DONNERAI DE QUOI QU'J'AI. ✝ ✝ ✝ ✝ ✝

L'Échange.

Do ut des; facio ut facias.

L'ÉCHANGE est, avec le travail, le fond même de la vie.
Deux hommes ne peuvent, en quelque circonstance que
ce soit, se rencontrer ensemble sans qu'aussitôt quelque
échange n'intervienne : échange d'idées, de paroles, de
services, d'aliments, d'armes, de vêtements, d'affections, et

aussi, hélas! de mauvais sentiments, d'injures, ou de coups.
L'isolement absolu est, pour ainsi dire, incompréhensible. Qui
dit action, dans l'état de société même le plus rudimentaire, dit
contact et, par conséquent, influence réciproque et échange.

Le phénomène est d'abord local et restreint. Deux voisins,
deux membres de la même famille, de la même tribu, troquent
entre eux, d'instinct ou après discussion, quelques-uns des
objets qui composent leur misérable avoir, des peaux d'animaux, du poisson, des plumes ou des flèches. Ils s'entendent
pour pousser les uns vers les autres le gibier qu'ils veulent
atteindre; ils unissent leurs efforts, c'est-à-dire qu'ils se rendent mutuellement service, pour traîner un tronc d'arbre, élever une hutte, ou s'acheter et se vendre une femme contre un
filet, et réciproquement. Les rencontres et les transactions se
multiplient et se diversifient à mesure que se développe, avec
le nombre des individus, la variété et l'importance de leurs
ressources et de leurs désirs; ce n'est plus sur place seulement et entre membres du même groupe, c'est de groupe à
groupe, puis de région à région que des relations s'établissent,
et, par tiers interposées, par commissionnaires, voyageurs, commerçants, que les échanges s'accomplissent. Ils deviennent,
enfin, l'objet d'un trafic régulier, embrassant successivement
des espaces de plus en plus étendus, franchissant les cours
d'eau, les fleuves et les mers, se frayant un passage à travers
ou par-dessus les montagnes, mêlant les races, les idiomes,
modifiant les coutumes et les lois, et peu à peu, en dépit des
antagonismes primitifs, tendent à unifier, dans ses traits
principaux au moins le caractère de l'espèce humaine.

Echange d'idées et de connaissances, échange de produits,
échange d'instruments et d'outils, échange de services, en
d'autres termes, échange de moyens d'existence, de ressources
et de raisons de s'apprécier et de s'aimer, motifs de respect
mutuel et de bienveillance, que tout invite à renforcer en ou-
vrant de plus en plus largement les voies aux déplacements et
aux transports des hommes et des choses. Ce n'est pas, hélas!
dans la plupart des pays, ce qu'ont su comprendre les Gouvernements et ce qu'ils ont essayé de faire comprendre aux peuples. Au lieu de se féliciter d'être, comme le leur disaient un
saint Jean Chrysostome et un Sully, tributaires, c'est-à-dire
serviteurs et bienfaiteurs, les uns des autres; au lieu de voir,
dans ce besoin mutuel de s'assister, des raisons de vivre en
paix et de se compléter, ils n'y ont voulu voir que des raisons
de se jalouser et de chercher à se ravir, par la ruse ou la

force, ce qu'il ne tenait qu'à eux d'obtenir à titre de mutuels services.

Deux erreurs surtout ont contribué à maintenir cette déplorable et ruineuse politique : la confusion de la richesse avec la monnaie, qui la représente, et cette fausse doctrine de la *Balance du commerce*, que je réfute dans un autre chapitre; puis cette autre illusion qui fait confondre le travail, source de la richesse, mais effort et mérite au prix duquel elle s'achète, avec son produit, repoussant la satisfaction et l'abondance, pour se réserver la peine. L'Espagne, pour s'être crue à jamais riche par la possession des mines d'or et d'argent d'Amérique, et dispensée dès lors de produire, s'est vouée elle-même à la ruine, et, dans l'espace de trois quarts de siècle, de première Puissance qu'elle était, « est tombée de tout à rien[1] ». La même Espagne, le Portugal, la France, la Hollande et l'Angleterre, pour s'être disputé au lieu de se les partager, les colonies et leurs produits, pour s'être acharnées à se nuire au lieu de s'aider en travaillant les unes pour les autres, se sont déchirées pendant trois siècles et ont semé la terre et les mers de cadavres et de ruines. Spectacle ridicule et lamentable! pareil, aurait-on pu dire, à celui de ces animaux qui, lorsqu'on leur apporte leur pâtée, au lieu de prendre chacun leur part, renversent les écuelles et se dévorent pour se priver. Les neuf dixièmes des guerres, a dit un homme qui avait, par ses fonctions au mininistère des affaires étrangères de France, été spécialement bien placé pour s'en rendre compte, ont été des guerres de commerce, c'est-à-dire des guerres contre le commerce, et c'est au prix de la vie des hommes que l'on a, de part et d'autre, acheté la pauvreté et l'insécurité.

Combien différent eût pu être le sort de l'humanité si, content de travailler en paix et heureux de prendre sa part de la prospérité des autres, chaque peuple avait su, par de libres et fructueux échanges[2], entrer en partage de l'ensemble des ressources répandues sur la surface du globe, et faire du séjour commun cette table de famille dont parle le grand saint Jean Chrysostome!

« Mesdames et messieurs, » répétait plus près de nous un homme qui a su faire comprendre à son pays au moins cet

---

1. Voir mon *Histoire d'une pièce de cinq francs et d'une feuille de papier*, Alcan).

2. Voir les discussions de la Chambre des députés, à propos du tarif des Douanes.

Evangile de liberté, de bienveillance mutuelle et de paix, l'Anglais Richard Cobden, prié de prononcer quelques paroles à la fin d'un repas de noces, « cette table autour de laquelle nous sommes unis dans la joie et l'espérance, c'est l'emblème de ce qu'est, de ce que devrait être plutôt, l'humanité. Si chacun de nous, dans la crainte de manquer, avait voulu garder pour lui ce qui se trouvait à portée de sa main, tel aurait eu du potage et n'aurait eu que du potage, tel du rôti et tel des légumes, ou des fruits et des friandises, et nous aurions tous, à des degrés divers, fait un triste dîner. Nous nous sommes passé de bonne grâce les plats à tour de rôle, et nous avons eu à la fois l'avantage d'être servis selon nos désirs et nos goûts et la satisfaction de nous devoir, en nous en félicitant, une mutuelle reconnaissance. »

On ne saurait mieux montrer ce qu'est, en réalité, ce libre échange, « liberté des dix doigts de la main », disait Lamartine; « liberté des estomacs », a-t-on dit ailleurs, qui serait, s'il était généralement et sincèrement reconnu et pratiqué, la plus sûre et la plus prompte garantie de bien-être et de paix : FREE TRADE, THE GREAT PEACE MAKER.

LES CHOSES ONT DEUX FACES SELON QU'ON LES REGARDE DU CÔTÉ DU PASSÉ OU DU CÔTÉ DE L'AVENIR; DU CÔTÉ DU TRAVAIL QU'ELLES ONT COÛTÉ OU DU CÔTÉ DE ✝ ✝ L'EMPLOI QUI VA EN ÊTRE FAIT. ✝ ✝ ✝

Matières premières.

PERPLEXE, Député. — Quel embarras bon Dieu ! et qu'il est difficile de savoir ce qu'il faut faire pour servir les intérêts du pays et pour satisfaire ses électeurs ! Je sors de la Commission des Douanes ; c'est notre cinquième séance, et chaque fois nous y passons trois grandes heures à discuter sur la façon dont nous devons traiter les marchandises étrangères. Aujourd'hui, il s'agissait des matières premières. Faut-il les laisser entrer librement comme destinées à alimenter le travail national? Faut-il les taxer comme faisant plus ou moins directement concurrence à ce travail national? Et d'abord qu'est-ce c'est que les matières premières? M. du Fuseau, qui est filateur, prétend que les filés anglais ou belges sont des produits fabriqués, contre l'invasion desquels il a besoin d'être protégé. M. Bernard, qui est fabricant de toiles, soutient que ce sont des matières premières absolument indispensables à son industrie, et qu'il est injuste de l'empêcher de se les procurer au meilleur prix. M. Jourdain, qui a obtenu une médaille d'or et la croix à l'Exposition pour ses draps, affirme qu'il ne peut se passer des laines de Saxe ou d'Australie; et que les laines de France, sans l'appoint d'un mélange avec ces laines exotiques, ne peuvent suffire pour la confection de ses beaux produits. M. Le Berger, qui est fier de ses troupeaux de moutons, lui répond qu'il méconnaît les mérites de l'oviculture française; que ses laines sont un produit tout comme les draps de son collègue, et que l'on ne saurait les sacrifier aux troupeaux étrangers. Et ainsi de suite de métiers en métiers. C'est à en perdre la tête !

· *M. Serviable.* — Bonjour, M. Perplexe. Comment allez-vous aujourd'hui? Vous avez l'air soucieux. Vous est-il arrivé quelque chose de désagréable?

M. Perplexe. — Non pas, non pas ! C'est-à-dire si ; mais ce n'est pas ce que vous pouvez supposer. Et ma foi, tenez, puisque je vous rencontre, c'est comme un fait exprès : vous allez me tirer d'embarras. Vous êtes armateur, n'est-ce pas ? Vous avez pour profession de faire alternativement, suivant les circonstances, de l'importation ou de l'exportation, c'est-à-dire d'expédier de France au dehors des marchandises dans d'autres pays, et de faire venir du dehors en France d'autres marchandises?

M. Serviable. — Parfaitement. Le commerce est un va-et-vient. Nous avons besoin des autres et les autres ont besoin de nous : services pour services et produits contre produits.

M. Perplexe. — Très bien, je vous entends. Et cette réciprocité paraît assez raisonnable. C'est même, au dire de certains, l'idéal vers lequel nous devrions tendre : Donnant, donnant ; et chacun laissé juge de ce qui lui convient de vendre ou d'acheter. Mais vous savez que nous n'en sommes pas là; et que la Commission des Douanes, dont je fais partie, n'a pas été instituée pour laisser le champ libre à toutes les fantaisies de l'offre et de la demande. En ce moment, elle est précisément occupée à déterminer ce que l'on doit entendre par matières premières, et à décider à quel régime ces matières premières seront soumises. Or, nous avons beau faire et beau dire, nous ne pouvons pas parvenir à nous entendre.

Vous êtes un homme pratique, M. Serviable. Vous n'êtes pas de ceux qui veulent toujours vendre, ni de ceux qui veulent toujours acheter; vous faites l'un et l'autre alternativement et même tout ensemble, selon les circonstances, et vous vous en trouvez bien, puisque vous avez fait à ce jeu-là une belle fortune, et que vous continuez à y trouver votre compte. Dites-moi donc un peu ce que vous en pensez. Et d'abord qu'est-ce que c'est au juste qu'une matière première, et qu'est-ce que c'est qu'un produit? Vous me direz ensuite comment vous estimez qu'on les doive traiter l'un et l'autre.

M. Serviable. — Ma foi, Monsieur, ma réponse va probablement beaucoup vous étonner. Elle scandaliserait la plupart de vos gros bonnets de la Commission des Douanes. Mais, puisque vous y tenez, je vous la donne tout net. Tout, sans exception, est à la fois, suivant les cas, ou plutôt suivant la façon dont on l'envisage, matière première ou produit. Et il n'y a aucun moyen de donner d'une façon définitive à une marchandise quelconque l'une des deux dénominations ou l'autre.

M. Perplexe. — Vous plaisantez, M. Serviable! Il faut être chair ou poisson; et il ne suffit pas de changer les noms des choses pour en changer la nature. Je sais bien peut-être, quand j'achète du blé, si c'est pour le manger afin de m'en nourrir demain, ou si c'est pour le semer, afin d'en augmenter la quantité et d'en avoir à vendre l'année prochaine.

M. Serviable. — Précisément, mon cher Monsieur. Et vous ne pouviez mieux démontrer l'incontestable vérité de mon assertion. Qu'est-ce qu'une matière première? A parler absolument, c'est une chose qui est encore dans son état primitif, qui n'a reçu aucune façon, que la main de l'homme n'a point touchée soit pour la déplacer, en la mettant à la portée de ceux qui en ont besoin, soit pour la façonner, la transformer, la modifier de manière à lui conférer une utilité qu'elle n'avait pas eue jusque-là. Le minerai dans la terre, la houille au fond de la mine qu'aucun travail n'a ouverte encore, et dont l'existence même n'est pas soupçonnée, sont des matières premières. De même le bois ignoré ou inexploitable dans les forêts vierges; le caoutchouc à l'époque où personne n'avait encore la moindre idée des nombreux emplois dont il est susceptible; les argiles d'où l'on devait tirer l'aluminium, les « terres rares » dans lesquelles dormait, inconnue, l'incompréhensible puissance du radium; tout enfin, avant d'avoir été étudié, appréhendé, utilisé, est matière première. Tout est produit aussitôt que, par un travail quelconque, de cette chose inutile, l'homme a fait

une chose utile ou considérée par lui comme telle. Le caoutchouc est un produit quand il a été récolté, tout comme le blé
ou les fruits de mon jardin. Le minerai de fer est un produit
quand il a été extrait pour être fondu ; le coton, quand il a été
cultivé, récolté, expédié à l'usine qui le mettra en œuvre. Et
ainsi de tout sans exception et sans limite, jusqu'au moment de
la consommation définitive, qui en fera disparaître, en la réa-
lisant, la possibilité d'utilisation. Et il y a là toute une série,
parfois courte, parfois indéfiniment prolongée, toute une suite
d'états successifs qui font passer la même chose de l'état de
matière première à produit, de produit à matière première, de
matière première à produit encore, et ainsi alternativement.
Le minerai de fer, pour reprendre les mêmes exemples, est
devenu *produit* par le travail du mineur ; il est *matière première*
pour le maître de forges qui va en faire de la fonte, du fer ou
de l'acier. Ceux-ci seront matière première pour le forgeron,
pour le coutelier, pour le serrurier, pour l'armurier, qui en
feront, selon les cas, des instruments de travail, ou des agents
de destruction. Le coton, le lin, le chanvre, la laine sont des
produits pour le cultivateur ou pour l'éleveur. Ils sont des
matières premières pour le filateur, dont le fil (M. Bernard a
raison) produit pour celui-ci, est matière première pour le
tisserand ; de même que l'étoffe, produit pour celui-ci, va être
matière première pour le tailleur ou la couturière. Prenez tel
exemple que vous voudrez, mon cher Monsieur, ce sera toujours la même histoire. Les choses ont deux faces, comme le
dieu Janus, suivant qu'on les regarde par devant ou par derrière, du côté du passé et du travail qu'elles ont subi, ou du
côté de l'avenir et du travail qu'elles sont destinées à subir, du
côté de l'acheteur ou du côté du vendeur.

M. Perplexe. — C'est très intéressant, M. Serviable, ce que
vous me dites ; et je n'y avais jamais réfléchi.

M. Serviable. — Ni la plupart de vos collègues de la Commission des Douanes et du Parlement, mon cher Monsieur. Et
savez-vous pourquoi ? C'est que c'est si simple, si évident, quand
on veut bien y réfléchir, qu'on n'a jamais cru que cela valût la
peine de s'en occuper.

M. Perplexe. — Et qu'est-ce que vous concluez ? Car enfin il
faut conclure, puisque nous avons des décisions à prendre et
un tarif de douanes à rédiger.

M. Serviable. — Ce qu'il faut conclure, M. Perplexe ? C'est
ce que vous ne conclurez pas. Ce qu'il faut faire ? C'est de ne
rien faire ; de renoncer à gêner le travail national, en gênant

les échanges qui l'alimentent, de le laisser se fournir des produits dont il a besoin, et de lui permettre de fournir aux autres, en retour, les produits qui leur font défaut : matières premières ou produits, services contre services, travail contre travail, avantages en retour d'avantages, importations compensées par des exportations, ventes et achats se soldant réciproquement, avec bénéfice pour les deux parties. Il ne s'agit, en somme, pour l'une comme pour l'autre, que d'obtenir à meilleur compte ce dont elle a besoin, à charge de réciprocité. La matière première par excellence, au fond, c'est le travail, c'est le temps, « l'étoffe dont la vie est faite » ; c'est la vie qu'il s'agit d'améliorer en en perfectionnant l'emploi et en en diminuant la dépense.

LES PRODUITS S'ÉCHANGENT CONTRE LES
PRODUITS ✝ ✝ ✝ ✝ ✝ ✝ ✝ ✝ ✝
J.-B. SAY.
ET LES SERVICES CONTRE LES SERVICES.

La Balance du Commerce.

◊ ◊ ◊

SERVIABLE. — Eh ! bien, mon cher Monsieur Perplexe, où en êtes-vous dans votre Commission des Douanes, et qu'avez-vous décidé au sujet des matières premières ?

M. Perplexe. — Oh ! rien encore ; nous n'allons pas si vite en besogne. Et, franchement, je vous avoue que je suis toujours bien embarrassé. J'ai bien essayé de faire comprendre à mes collègues que nous ne pouvons pas nous passer des produits des autres nations ; et que charger de droits ce qu'ils appellent des matières premières, c'est enchérir d'autant le travail de nos industriels qui les mettent en œuvre. Ils me répondent que l'expérience universelle leur donne raison, et que si les produits étrangers, quels qu'ils soient, pouvaient entrer librement chez nous, nous en verrions bientôt sortir notre or et notre argent, nécessaires pour les payer. Déjà, avec notre tarif protecteur, nous n'avons que trop de peine à les conserver ; et la *balance du commerce* n'est pas toujours tant en notre faveur.

M. Serviable. — La balance du commerce, M. Perplexe ? Vous croyez encore à cela ?

M. Perplexe. — Mais comme tout le monde, Monsieur ! Tout le monde sait bien que quand on importe plus que l'on exporte on est en perte ; car enfin, quand on achète, il faut payer ; et, pour payer, donner son or ou son argent. Tandis que, lorsqu'on vend, on est en gain, l'on reçoit de l'or ou de l'argent.

M. Serviable. — Vraiment? Et comment se fait-il alors que tous les pays prospères importent plus qu'ils n'exportent ; et que la Grande-Bretagne, qui doit sa richesse à son commerce, ait tous les ans, depuis bien longtemps déjà, un excédent d'importations de plusieurs milliards et ne se voie pas privée de sa dernière livre sterling et de son dernier shilling?

M. Perplexe — En effet, c'est bien extraordinaire ; et je ne me l'explique pas.

M. Serviable. — C'est bien simple pourtant. C'est que, n'en déplaise au mensonge des mots, les produits ne se paient pas en espèces, mais en produits. Est-ce que, même dans le commerce intérieur, même pour nos affaires personnelles, nous avons toujours la main à la poche pour solder nos acquisitions? Nous payons en papier, en billets de banque, en chèques, en traites, qui nous évitent le maniement matériel du métal, et qui nous permettent de faire presque sans déplacement de numéraire des opérations qui représentent des sommes considérables. C'est bien autre chose de pays à pays. Les produits importés sont payés par des produits exportés, et réciproquement.

« Messieurs, » disait spirituellement un jour, dans une conférence entre Américains et Français, le savant professeur Laboulaye, « il y a ici, dans cette assemblée, un certain nombre de dames américaines qui, après quelque temps de séjour à Paris, se sont aperçu qu'elles n'avaient plus rien à mettre. Elles sont allées visiter nos couturières et nos modistes ; et elles ont fait l'acquisition d'un certain nombre de robes et d'objets de toilette, dans ces prix doux que nous connaissons. Après quoi, elles vous ont dit, à vous, Messieurs leurs maris, de vouloir bien payer. Et vous avez payé. Mais comment ? Aviez-vous apporté de New-York, de Chicago ou de Cincinnati des sacoches pleines de dollars, voire un portefeuille rembourré de bank-notes? Vous avez tiré de votre poche un petit carnet grand comme la moitié de la main ; vous en avez détaché une feuille ; vous y avez inscrit un chiffre ; vous avez signé, et vous avez remis ce bout de papier aux fournisseurs, qui, sans plus de façon, vous ont donné quittance. C'est que ce papier ils n'avaient qu'à le pré senter chez un banquier, chez qui vous aviez un crédit, pour en toucher le montant en billets de banque ou en espèces. Et pourquoi aviez-vous un crédit chez ce banquier? C'est que vous aviez, en Europe, en France peut-être, en Angleterre, en Allemagne ou ailleurs, des débiteurs auxquels vous aviez vendu du coton, des jambons, des machines agricoles ou autres choses. C'est avec votre lard, votre coton ou vos machines que vous avez payé les emplettes de ces dames; et c'est avec leurs robes, leurs bijoux ou leurs colifichets que nous avons payé, par des intermédiaires plus ou moins nombreux, vos marchandises américaines. »

M. Laboulaye avait raison, mon cher Monsieur Perplexe. Et c'est ainsi que, par le monde, de pays en pays et de ricochet en ricochet, se croisent et se contrebalancent ces grands courants d'échanges qui sont comme la circulation de la vie à travers le globe, et qui seraient autrement considérables si les gouvernements voulaient bien s'abstenir de les contrarier par des obstacles de toutes natures.

M. Perplexe. — Alors, suivant vous, nous avons avantage à importer plus qu'à exporter?

M. Serviable. — Evidemment. De même que moi, négociant, j'ai intérêt à recevoir plus que je ne donne, et que mon bénéfice, au bout de l'année, est l'excédent de mes entrées sur les sorties; pourquoi voulez-vous que la nation, qui est l'ensemble des individus, s'enrichisse quand ses membres s'appauvrissent, et s'appauvrisse quand ils s'enrichissent?

M. Perplexe. — Mais pourtant, mon cher Monsieur, quand je fais une affaire avec mon voisin, si j'y gagne, il faut bien qu'il y perde. Et si la France, dans ses échanges avec les Etats-Unis, est en bénéfice, c'est, apparemment, que les Etats-Unis sont en perte, et réciproquement.

M. Serviable. — Et pourquoi donc, s'il vous plaît? Ne puis-je pas préférer ce que vous me vendez à ce que je vous cède; et vous préférer ce que je vous cède à ce que vous me vendez? Vous êtes habile dans un métier, et moi je le suis dans un autre. Si je voulais faire moi-même ce que vous faites mieux que moi, et si vous vouliez faire vous-même ce que je fais mieux que vous, il nous faudrait nous donner tous les deux plus de peine et faire plus de dépenses. En travaillant l'un pour l'autre, nous profitons l'un et l'autre de la supériorité que nous ne possédons pas, et nous gagnons chacun la différence. C'est là, quand les transactions sont honnêtes, tout le secret du commerce, pour les nations comme pour les individus.

M. Perplexe. — Oui, je crois comprendre. C'est l'histoire de l'aveugle et du paralytique :

> Ainsi, sans que jamais notre amitié décide
> Qui de nous deux remplit le plus utile emploi,
> Je marcherai pour vous, vous y verrez pour moi.

C'est la fraternité des choses.

M. Serviable. — A merveille! Des choses et des hommes, s'ils voulaient bien le comprendre.

M. Perplexe. — Oui, quand j'achète, quand j'importe, c'est une utilité, une satisfaction, une recette que je me procure. Quand j'exporte, c'est un objet utile, un fruit de mon travail dont je me défais; c'est le prix auquel je me procure ce que j'achète. Si j'exportais sans importer, ou si je n'importais pas l'équivalent de ce que j'exporte, je ferais un marché de dupe. Pourtant, comment se fait-il que différents pays à la fois, comme résultat définitif de leurs échanges, se trouvent avoir importé plus qu'ils n'ont exporté, c'est-à-dire avoir reçu plus qu'ils n'ont donné?

M. Serviable. — Par la raison que nous indiquions tout à l'heure : que chacun cède ce qui a moins de valeur pour lui que pour son client, et reçoit ce qui a moins de valeur pour son client que pour lui. Si, pour se procurer en France un produit déterminé, il faut à un Français quatre journées de travail, et à un Américain, par suite d'avantages naturels de terrain, ou de climat, trois seulement; et si, à l'inverse, ce que l'on fait en France en trois jours ne peut se faire en Amérique qu'en quatre, en échangeant l'un contre l'autre ces deux produits, le Français et l'Américain épargnent également une journée de travail. Et c'est ainsi, comme on l'a dit sous une forme paradoxale, mais, au fond, avec une parfaite vérité, que nous pouvons, les uns et les autres, à la condition de nous entendre, consommer plus que nous ne produisons.

Sans compter les frais de transport et autres, qui modifient le chiffre des déclarations en douane, et dont il faut bien tenir compte. Si j'expédie d'Europe en Amérique cent mille francs de marchandises, ces marchandises arrivées à destination vaudront, par suite du fret, de l'assurance et des droits de douane à payer, cent dix, cent quinze, cent vingt mille francs sur le marché américain; et c'est cette somme supérieure que je convertirai en marchandises américaines, qui seront majorées à leur tour en arrivant en France. Je serais en perte, et mes

confrères américains également, si nous ne réimportions pas
toujours, de part et d'autre, plus que nous n'exportons.

M. Perplexe. — Alors les nations, pour s'enrichir, n'auraient
plus besoin de chercher à se dépouiller ? La richesse ne serait
plus une proie ? La guerre (la guerre de tarifs, comme la guerre
à coups de canons), ne serait qu'une sottise et un crime ; et
nous aurions intérêt à nous respecter, à nous assister et à
nous aimer les uns les autres ? C'est trop beau ! Et ce n'est pas
à la Commission des Douanes que vous ferez adopter pareille
utopie.

L'USINE ET L'ATELIER DONNENT LE PAIN
AUSSI BIEN QUE LE CHAMP. ✝ ✝ ✝ ✝ ✝
Contre-Amiral RÉVEILLÈRE.

Coopération.

◊ ◊ ◊

IL faut abolir le salariat et le remplacer par la coopération,
clament chaque jour une foule de braves gens qui ne savent ni
ce que c'est que le salariat, ni ce que c'est que la coopération
et ne se doutent pas que le salariat est partout et la coopération aussi. Sous quelque forme et sous quelque nom que se
présente la rémunération d'un travail ou d'un service, c'est,
comme je l'ai dit ailleurs, un salaire. Et quels que soient les
rapports établis entre l'employeur et l'employé, c'est une coopération, puisque l'un et l'autre, et d'autres avec eux, les producteurs et les transporteurs des matières premières, les cons-
tructeurs des machines, les architectes, maçons, terrassiers,
les boutiquiers, épiciers, bouchers, etc., qui les nourrissent et
les habillent, ont contribué, eux aussi, à l'exécution de leur
travail et participé à ses résultats.

Que, dans cette coopération, la part de chacun n'ait pas été
faite avec une exactitude suffisante, qu'il y ait avantage à
faire mieux apparaître, par une détermination préalable des
droits et des devoirs de chacun, la communauté d'intérêt qui
les lie, et à stimuler ainsi le zèle et l'activité de toutes les
parties prenantes, c'est possible, et toutes les combinaisons
proposées dans ce but, pourvu qu'elles soient librement accep-
tées, sont intéressantes. Mais aucune d'elles ne supprime le

salaire ; elles tendent, en le proportionnant plus réellement à la tâche accomplie par chacun, à le rendre plus équitable, plus rémunérateur et plus encourageant. Changer les mots n'est pas changer la nature des choses ; mais c'est parfois changer l'idée que l'on s'en fait, et, par suite, les sentiments que l'on en a et la façon dont on se conduit. Voir juste, c'est le moyen d'agir bien.

CHANGER LE NOM DES CHOSES N'EN ✝ ✝ CHANGE PAS LE CARACTÈRE, MAIS PEUT CHANGER PARFOIS L'IDÉE QUE L'ON S'EN FAIT. TEL QUI SE TROUVE HUMILIÉ DE ✝ RECEVOIR UNE GRATIFICATION, SE SENT FIER DE TOUCHER SA PART D'UN DIVIDENDE. ✝ ✝

Participation.

∘ ∘ ∘

NOUS comprenons très bien, disent certains réformateurs, qu'il n'est pas au pouvoir du Gouvernement de régler arbitrairement les salaires. Ni les coalitions les plus formidables, ni la grève la plus universelle ne peuvent avoir la puissance de faire distribuer en salaires, d'une façon durable, plus que l'équivalent de ce que le travail fournit en produits. Toute hausse qui, au lieu d'être déterminée par une augmentation du capital existant et du travail qu'elle paie, serait obtenue au prix d'une réduction du fonds des salaires, amènerait promptement une crise dont le monde des travailleurs deviendrait nécessairement victime. Mais il y a bien des manières de déterminer la rétribution due au travail, et de faire, sans arbitraire et sans violence, monter le taux de cette rétribution en intéressant plus visiblement les travailleurs à produire mieux et davantage.

L'une de ces combinaisons, qui a fait ses preuves, et qui a été recommandée par les autorités les plus sérieuses, c'est la participation aux bénéfices. Le capital sans doute est l'aliment de l'industrie ; l'intelligence qui dirige en est l'âme ; et, par conséquent, ils ont droit à une part importante de la richesse qu'elle produit. Mais le travail, la main-d'œuvre est l'indispensable moteur ; et, puisqu'il participe dans une mesure toujours considérable à la production, il doit participer aux bénéfices. Au lieu, donc, d'un salaire uniformément réglé à forfait et quels que soient les résultats de l'entreprise, ou en plus de ce salaire à forfait, ne serait-il pas juste que les ouvriers fussent intéressés dans l'œuvre à laquelle ils coopèrent, et reçussent, comme les actionnaires dans les sociétés industrielles et financières, ce que l'on appelle un dividende ?

La chose est possible, d'importantes expériences l'ont démontrée ; et la maison Leclaire, dont la prospérité n'a jamais été menacée, n'est pas la seule qui ait fait la fortune de ses chefs en assurant et en améliorant la condition de son personnel. Pourquoi ce qui a si bien réussi ici et là n'est-il pas généralisé ? Et qui empêche le législateur de prescrire, en en déterminant les bases et les proportions, l'attribution, dans toute entreprise commerciale ou industrielle, d'une certaine proportion des bénéfices aux employés et ouvriers, suivant l'importance et la durée de leurs services ?

Une première condition, pour qu'une pareille réglementation fût possible, serait qu'il y eût des bénéfices. Il n'y en a pas toujours, malheureusement, et, quand la caisse est vide, peu importe qu'un article de loi ou le texte d'un engagement prescrive d'y puiser.

Puis, lors même qu'il y a des bénéfices, il n'est pas toujours facile d'en établir le compte ; encore moins de discerner à qui l'on en est redevable, et à quelle période, à quelle partie du personnel changeant, par conséquent, il peut être juste d'en tenir compte. Le succès de M. Leclaire lui a fait grand honneur ; c'était un homme de bien et c'était un habile homme. Mais la combinaison à laquelle il a dû ce succès, relativement facile dans une entreprise comme la sienne, ne l'est pas, et peut même être absolument impossible dans une autre entreprise. Que faut-il à un entrepreneur de peintures ? Des échelles, de la couleur, des pinceaux, c'est-à-dire un capital circulant et renouvelable, relativement peu important, et presque pas de capital fixe, immobilisé en bâtiments, machines, etc. Ce qu'il fallait pour que ce capital circulant fût productif, c'était une bonne clientèle, dont la recherche et l'entretien était l'affaire du patron, puis un bon emploi du temps de ses ouvriers, et des matières mises à leur disposition. Courir de chantier en chantier pour les surveiller semblait indispensable pour obtenir ce bon emploi. M. Leclaire, en intéressant son personnel aux résultats de son travail, le chargeait de se surveiller lui-même. Les comptes, d'ailleurs, n'étaient pas diffi-

ciles à faire : tant d'huile, tant de peinture, tant d'essence,
tant de journées de travail et tant de recettes ; un peu d'arithmétique y suffisait.

Voyez, en face de cet atelier en quelque sorte familial,
quelque développement qu'il ait pris, une usine, comme une
filature ou un tissage, une forge ou une fonderie, une entreprise de transport ou de navigation. Quelle importance prend
le capital fixe, et quelles difficultés pour se rendre compte de
sa part dans l'ensemble du travail ; pour savoir en combien de
temps il sera amorti ! Puis quelle complication dans la multitude des opérations de toutes natures par lesquelles doivent
passer l'élaboration, le placement et la rétribution du produit !
C'est du minerai de fer et de la houille qu'il a fallu se procurer et faire venir de loin peut-être ; c'est du bois, du coton,
de la laine, du caoutchouc amenés de l'étranger par des voies
diverses ; et, finalement, quel que soit le genre d'industrie,
des mois, des années parfois entre l'achat des matières premières et la réalisation des ventes, qui sont le terme de l'opération. Qui distinguera, au milieu de toutes ces complications,
la part prise au résultat final par celui-ci ou celui-là, la faute
ou le mérite qui auront assuré, réduit ou compromis le bénéfice ? L'atelier a été construit avec plus ou moins d'intelligence ;
la direction a été habile ou insuffisante ; les matières premières
ont été acquises à des cours avantageux ou à des cours onéreux ; les marchés passés pour la vente se sont trouvés, par
suite de circonstances extérieures, favorables ou défavorables ;
les rentrées, bien surveillées, n'ont point laissé de mécompte,
ou, au contraire, par suite de facilités imprudemment accordées, des clients se sont trouvés insolvables. En quoi, je le
demande, l'ouvrier qui a bien accompli sa tâche, mais qui n'a
été pour rien dans ces causes de pertes ou de bénéfices, étrangères à sa besogne personnelle, peut-il prétendre à une part
sur le gain ou subir sa part de la perte ?

Il n'est pas vrai cependant qu'il n'y participe pas dans une
certaine mesure. Si la maison qui l'emploie est prospère, il a la
sécurité de son avenir et, tout naturellement, des chances de
voir améliorer sa situation. Si les affaires de la maison vont
mal, il est exposé à en pâtir. Son intérêt est donc, puisqu'il y
contribue par son plus ou moins de conscience, d'adresse et
d'activité, de bien employer son temps et les matières qu'il a à
mettre en œuvre. Et l'intérêt du patron, d'autre part, est de le
traiter convenablement et de lui savoir gré du bon accomplissement de sa tâche. Il peut, et il doit souvent, pour le faire réel-

lement participer à ses bénéfices, lui allouer, quand il le mérite, un salaire supplémentaire, ou, lorsque les inventaires sont sa-tisfaisants, lui accorder spontanément, sans employer le mot, pourtant admis dans beaucoup de maisons de commerce, de « gratification », un tant pour cent prélevé sur les bénéfices. Mais il est difficile, d'une part, bien que cela ait été essayé par quelques industriels, exceptionnellement assurés de leur puis-sance, d'exiger la mise à découvert des livres, au risque de compromettre parfois par des indiscrétions dangereuses la for-tune commune, ou de prétendre, d'autre part, asseoir cette rétribution additionnelle sur tout le vaste ensemble d'opérations auxquelles, il faut le répéter, la majeure partie du personnel est, en réalité, étrangère.

Il y a un moyen, très différent, mais très positif, de réaliser, dans une certaine mesure seulement, il est vrai, mais de réali-ser sûrement la participation des employés et ouvriers à la fois aux bénéfices et aux pertes. C'est de les constituer ou de les laisser se constituer eux-mêmes, par l'octroi ou par l'achat d'un certain nombre de parts du capital social, actionnaires de l'ensemble de l'entreprise. Jusqu'à présent, cette combinaison n'a été que rarement tentée et n'a pas toujours réussi. Elle n'a du moins rien de factice et d'arbitraire ; et il est possible que l'avenir en fasse une des solutions équitables et bienfaisantes des difficiles rapports du capital et du travail. Telle est du moins la pensée qui semble avoir inspiré la création projetée d'*actions de travail*.

Je n'insiste pas ; et je ne voudrais pas que l'on crût trop faci-lement à la possibilité de réaliser une combinaison qui n'est point sans doute applicable à tous les cas. Ce que je veux dire, et ce que je me borne à dire, c'est, d'une part, qu'il n'existe pas de formule cabalistique au moyen de laquelle on puisse assurer d'une façon générale et uniforme une détermination rigoureuse-ment équitable de la rétribution proportionnelle du capital, de l'intelligence et du travail ; et c'est, d'autre part, que tout ce qui pourra être fait honnêtement et sans violence pour appro-cher de cette détermination et pour mettre en relief la solidarité qui relie ces trois éléments de la production, et l'intérêt qu'ils ont au même degré à accomplir consciencieusement leur tâche et à se soutenir mutuellement, ne peut être que favorable aux uns comme aux autres, et faire, par conséquent, parti-ciper le salaire, comme le capital et l'intelligence, à la pros-périté ou aux mécomptes de l'entreprise dans laquelle ils sont engagés.

TOUT EST NÉCESSAIRE, ET TOUT EST ✝ ✝
DANGEREUX. ✝ ✝ ✝ ✝ ✝ ✝ ✝ ✝ ✝
VOLTAIRE (ZADIG).

CE SONT LES YEUX DES AUTRES QUI NOUS
PERDENT. ✝ ✝ ✝ ✝ ✝ ✝ ✝ ✝ ✝ ✝
FRANKLIN.

Le Luxe.

◊ ◊ ◊

QUE faut-il penser du luxe ? Est-ce un bien, est-ce un mal ? Doit-on l'encourager ou le proscrire ? Peut-on, quand on en a le moyen, se le permettre, ou doit-on se l'interdire ? Et dans quelle mesure ?

Questions qui, depuis qu'il y a des différences dans les fortunes et dans les goûts tout au moins, n'ont cessé de diviser les hommes et de recevoir, selon les circonstances, les réponses les plus diverses et parfois les plus contradictoires.

« Sachez surtout que le luxe enrichit
Un grand État s'il en perd un petit, »

a dit Voltaire, ne se demandant pas comment une perte peut devenir un bien quand elle se multiplie par le nombre. Si les riches ne dépensaient pas, écrit à son tour le grave Montesquieu, les pauvres mourraient de faim. Votre luxe, répondent les autres, c'est le vampire qui dévore la substance des misérables ! C'est Lucullus consommant, pour l'un de ses repas, la nourriture de centaines de prolétaires ; c'est Elisabeth laissant, à sa mort, trois cents robes de soie, et c'est François Ier et les seigneurs de sa Cour portant, au Camp du drap d'or, leurs moulins et leurs châteaux sur leurs épaules.

C'est aussi (il est peut-être bon de s'en souvenir) la même reine Elisabeth recevant du roi d'Espagne Philippe II, comme un présent magnifique, une paire de bas tricotés, les premiers qui eussent paru en Angleterre ; la reine Isabeau, la femme du malheureux Charles VI, portant des chemises de toile, où les ouvriers Anglais se permettant, au dire d'Adam Smith, de se chausser de souliers, tandis que les ouvriers Français marchaient nu-pieds ou traînaient de lourds sabots. C'est encore le bourgeois du XVIe ou du XVIIe siècle mettant des carreaux de verre à ses fenêtres, au lieu des papiers huilés et des morceaux de canevas qui laissaient passer un peu de lumière, ou la glace sans tain que le chocolatier Marquis faisait poser, vers 1810, à la devanture de sa boutique, rue Vivienne. Aujourd'hui, il n'y a guère d'épicier, de charcutier ou de cordonnier qui se prive d'une pareille devanture. Les souliers et les chemises sont devenus d'usage général, et c'est parce que quelques-uns, pour lesquels c'étaient des objets de luxe, ont pu se les procurer et donner à d'autres l'idée de les imiter, que, de proche en proche, la fabrication en a été développée et l'usage s'en est répandu.

Il faut des devanciers en toute chose. Et si tous ceux qui portent aujourd'hui des bas, des souliers et des chemises doivent s'estimer heureux qu'il n'ait pas été interdit aux grands personnages du temps jadis de se passer ce luxe alors extra-ordinaire, ils auraient tort de jalouser ceux de nos contempo-rains qui peuvent, grâce à une aisance ou à une fortune d'hon-nête origine, se payer quelques satisfactions ou quelques élégances, qui deviendront graduellement d'usage plus courant. Ce luxe-là, s'il peut s'appeler du luxe, est tout simplement le développement naturel d'un sage bien-être. Il n'a rien de ré-préhensible, et mal venus à s'en offenser les envieux qui croient en souffrir !

Mais il y a un autre luxe, véritablement coupable et malfai-sant ; c'est ce luxe de parade, d'ostentation, qui n'a d'autre but et d'autre intérêt que la satisfaction d'une sotte vanité, et n'aboutit, le plus souvent, qu'à faire détester la richesse et ceux qui la possèdent, blessant, chez les uns, les sentiments les plus respectables, et excitant, chez les autres, les colères et les haines. « Ce sont les yeux des autres qui nous perdent, » a dit Franklin ; et nous perdons les yeux des autres quand nous étalons devant eux, sans souci de les blesser, le spectacle ten-tateur des dissipations, des orgies et de la dépense inconsidérée. Les jeunes filles d'une commune de Philadelphie, pour se pro-curer de jolis bonnets ornés de quelques rubans, se mirent à tricoter des bas et des mitaines pour la ville. Je ne suis pas, dit Franklin, trop mécontent de cet exemple de ce que peut produire le luxe, car enfin, ces jeunes filles se procuraient par leur travail une satisfaction avouable qui pouvait contribuer à leur bonne tenue; et nous autres, à la ville, nous pouvions mieux protéger contre le froid nos mains et nos pieds. Le même Franklin, lorsque sa fille Sarah, pendant la guerre de l'Indé-pendance, lui demande de lui expédier d'Europe des plumes et des dentelles, pour faire bonne figure au bal offert au général

Washington et faire honneur au goût de son père, lui répond
que le goût de son père, « *au milieu de la misère universelle* »,
est qu'elle ne soit pas parée.

Question de mesure, et question de milieu et de circonstance.

PLUS ON EXAMINE AVEC ATTENTION ✝ ✝
L'HISTOIRE DU PASSÉ, PLUS ON VOIT ✝ ✝
COMBIEN SE TROMPENT CEUX QUI S'IMA-
GINENT QUE NOTRE ÉPOQUE A ENFANTÉ DE
NOUVELLES MISÈRES SOCIALES. LA VÉRITÉ
EST QUE CES MISÈRES SONT ANCIENNES. CE
QUI EST NOUVEAU, C'EST L'INTELLIGENCE
QUI LES DÉCOUVRE ET L'HUMANITÉ QUI LES
SOULAGE ✝ ✝ ✝ ✝ ✝ ✝ ✝ ✝ ✝ ✝

MACAULAY.

La Misère.

o o o

IL faut supprimer la misère! répètent partout, depuis que le
monde est monde, et chaque jour davantage à mesure qu'il
s'enrichit, la foule des guérisseurs sociaux, ayant tous, pour
nous débarrasser de nos douleurs et de nos dénuements, des
procédés infaillibles. Ce ne sont que des variantes de celui qui
consiste à supprimer le malade pour supprimer le mal.

Vous ne pouvez rien contre la misère, répliquent les autres.
Elle est fatale, c'est la rançon du progrès ; et le Christ lui-même,
dans son amour pour les hommes a bien pu mourir pour eux ;
il n'a pu leur donner même l'espérance du bonheur terrestre.
Vous aurez toujours des pauvres parmi vous, a-t-il dit à ses
disciples ; et nous en aurons toujours.

Des pauvres, oui, si l'on entend par pauvres des hommes
moins bien pourvus que les autres, obligés, pour vivre et faire
vivre leur famille, de travailler et de se priver, soumis à la
loi, parfois dure, de l'effort, de la prévoyance et de l'économie.
Des misérables, non, si l'on entend par là des êtres voués, de
génération en génération, au dénuement sans espoir, déchet
humain et ferment de désordre, de corruption et de haine. La
pauvreté, qui est un état relatif, existera toujours, alors même
que les moins bien partagés, par le progrès général, dont ils

Voir *La suppression de la misère*, lecture à l'Académie des sciences
morales (Compte rendu de l'Académie, octobre 1907). A paru dans *La
Revue* (ancienne *Revue des Revues*) n° du 15 août 1907.

auront eu leur part, seront devenus plus riches que les riches
d'aujourd'hui. La misère, état absolu de déchéance ou de dégradation, peut et doit disparaître, mais par l'amélioration laborieuse et intelligente de ses victimes, non par aucun des procédés empiriques qui la nourrissent en la berçant d'espérances
illusoires. Elle est, en effet, le résultat de causes morales, de
vices et d'erreurs qui altèrent la direction de nos actes, et il
suffira de nous en corriger pour nous soulager de leurs conséquences. Supprimez la paresse, qui tarit la source du travail,
l'ignorance, qui en compromet la fécondité, l'imprévoyance,
qui maintient parmi nous l'insécurité, l'ivrognerie et la débau-
che, qui empoisonnent le corps et l'âme, l'envie, la jalousie,
la haine et les querelles qu'elles engendrent d'homme à homme
ou de peuple à peuple : désordres, troubles civils, guerres sociales et guerres étrangères, avec leur cortège de ruine, de
souffrance et de meurtre. Faites régner partout, dans les relations humaines, la bienveillance et la sympathie, l'aide mutuelle et la bonté compatissante ; que restera-t-il de causes de
misère, de cette misère incurable, morale plus que matérielle,
à charge à ceux qui en sont les victimes directes, et redoutables pour le reste de la société ?

— Et que faites-vous, me dira-t-on, de la maladie, des accidents et de la mort ?

— Vous avez raison ; c'est la part fatale de l'infirmité humaine, et celle-là nous ne pouvons nous flatter de la faire disparaître. Nous pouvons tout au moins la réduire ou en réduire,
dans une proportion considérable, les effets. La maladie, les
accidents, la mort elle-même ne sont-ils pas bien souvent la
suite de notre ignorance et de nos fautes ? L'économie, la fru-
galité, l'hygiène, tant privée que publique, pourraient, dans
une mesure considérable, diminuer les fléaux publics et les
sinistres particuliers. Si peu observées qu'elles soient encore,
combien ne sommes-nous pas déjà loin de ces épidémies des
siècles passés qui fauchaient parfois jusqu'au quart et au tiers,
disent les chroniqueurs, de la population ! La prévoyance, sous
la forme des sociétés mutuelles de secours ou de retraite et
l'assurance ne peuvent-elles pas, ainsi que je l'ai indiqué ailleurs, fournir les moyens de combattre et de supporter la maladie, l'infirmité et la vieillesse ? Et contre la mort elle-même,
ou du moins contre ses conséquences, ne fournissent-elles
point des garanties, insuffisantes sans doute, mais réelles pourtant et de nature à fermer, quand le deuil frappe à une porte.
l'entrée à la misère qui marche derrière elle ?

La guerre enfin, la grande pourvoyeuse des calamités humaines, la guerre qui fauche les moissons en même temps que les hommes, qui détruit les fruits du travail passé, et supprime, avec les bras, les promesses du travail à venir; la guerre qui met la solitude au foyer, avec le dénûment, n'est-elle pas elle-même un fait de la volonté humaine, un fruit détestable de nos ignorances et de nos haines, contribuant, par le mal qu'elle fait, à les aggraver et à empoisonner l'avenir après avoir désolé le présent? Et quelque place qu'elle ait tenue encore dans les douloureuses destinées de notre temps, de quelques menaces qu'elle continue à troubler notre tranquillité, n'avons-nous pas acquis déjà la preuve de la possibilité d'en écarter les causes et d'en réduire les occasions?

Tout donc, tout, parmi les maux dont nous souffrons, est plus ou moins de notre fait. Tout, dès lors, pourrait être ou supprimé ou diminué, si, plus éclairés, plus sages, plus prudents et meilleurs, nous savions le vouloir d'une volonté soutenue et persévérante. Cette volonté, cette sagesse, cet amour éclairé de nous-mêmes et de nos semblables, sommes-nous capables de les avoir? Tout est là.

C'est pourquoi, sans avoir l'illusion d'attendre demain la suppression de la misère, je soutiens que sa disparition graduelle, son adoucissement tout au moins, n'est point une utopie, mais un but à poursuivre comme un devoir, avec la confiance de s'en pouvoir de plus en plus approcher. Et, avec l'illustre Tolstoï, dont, sur d'autres points, je n'accepterais pas toutes les idées, j'affirme que, le mal étant en nous, c'est en nous que nous devons chercher le remède et le salut.

LES BIENFAITS MAL PLACÉS SONT DES ✝ MÉFAITS. ✝ ✝ ✝ ✝ ✝ ✝ ✝ ✝
Saint BASILE.

L'Assistance.

◊ ◊ ◊

IL semble que rien ne soit plus naturel, plus agréable et plus facile que de faire le bien. On assure cependant que rien n'est plus difficile. C'est un saint, saint Basile, je crois, qui a dit : « Les bienfaits mal placés sont des méfaits; » et c'est un économiste, Bastiat, qui a écrit : « Ce n'est pas la bonté de l'intention qui fait la bonté de la potion, » traduisant ainsi, à sa façon, le vieux dicton : « L'enfer est pavé de bonnes intentions. »

Un sentiment naturel nous porte, quand nous le pouvons, à assister nos semblables. « Si un être pensant et sentant, » a écrit Voltaire, « dans une étoile de la voie lactée, voit un de ses semblables malheureux ; s'il peut le soulager, et s'il ne le fait pas, il est coupable envers tous les globes. »

Voilà qui est bien et qui paraît sans réplique. Pourtant si, par irréflexion, par faiblesse, par vanité peut-être, nous cédons étourdiment au premier mouvement de pitié qui nous saisit à la vue ou au récit d'une misère vraie ou fausse ; si nous accordons inconsidérément notre appui à quiconque nous le demande, si toute main qui se tend vers nous, digne ou indigne, honnête ou criminelle, obtient le même subside et est assurée du même accueil, nous ne ferons autre chose, souvent, le plus souvent peut-être, que d'encourager la paresse, de nourrir le vice, voire d'armer le crime et de faciliter le recrutement de l'armée du mal. Saint Paul a recommandé d'aider ses frères et vanté l'esprit de sacrifice qui permet d'apaiser la faim et de couvrir la nudité ; mais il a condamné la facilité aveugle qui ne sait pas distinguer entre le vrai besoin et l'infortune simulée. Et il n'a pas reculé devant cette conclusion sévère : « Celui qui ne travaille pas (lisez qui ne veut pas travailler) ne mangera pas. » « Car, » a-t-il dit ailleurs, « toute peine mérite salaire ; » et le salaire doit être mérité.

C'est cette doctrine de sage et sincère bienveillance, de fraternité vraie et éclairée, de bon sens et de bon cœur, qui a été enseignée et pratiquée par tous les maîtres de la science économique, par tous les philanthropes expérimentés et, en particulier, par cet homme de bien dont l'ignorance et la mauvaise foi ont fait un monstre, l'Anglais Malthus. Je ne veux pas entreprendre ici la discussion de toutes les idées de Malthus, notamment de celles qui concernent la population [1] ; je dirai seulement qu'elles ne ressemblent nullement à la contrefaçon que l'on en a faite, et que si Malthus, à certaines pages, s'est montré trop effrayé de la progression (qu'il croyait fatale) du nombre ; si surtout il a eu trop peu de confiance dans la puissance du travail pour accroître les moyens d'existence et les maintenir au niveau des besoins, jamais il n'a conseillé, pour

---

1. Voir *Pages et discours* (Alcan); *Malthus et la véritable notion de l'Assistance; la question de la population*, Conférence à l'asile de Vincennes.

maintenir l'équilibre entre les bras qui produisent et les bouches qui consomment, rien que n'avouent la raison la plus droite et la morale la plus haute. Il a recommandé le travail, l'économie, la chasteté avant le mariage, l'honnêteté dans le mariage, et proscrit, bien loin de les approuver, les moyens préconisés par les apôtres du Néo-Malthusianisme, pour limiter artificiellement le nombre des naissances. « Je ne suis pas l'ennemi de la population, » a-t-il écrit expressément; « mes seuls ennemis sont le vice et la misère. Je désire d'abord que les hommes soient heureux, et ensuite qu'ils soient nombreux. » Et, réfutant lui-même ce qu'il avait dit précédemment d'excessif sur la contradiction fatale de la loi de multiplication des êtres humains et de celle de leurs moyens d'existence, il a été jusqu'à écrire textuellement, comme résultat de ses constatations : « Plus la population est rare, et plus elle excède, plus elle est dense et moins elle surabonde, » le nombre étant, lorsque la qualité ne fait pas défaut, l'un des éléments de la force et de la puissance créatrice. « La consommation ne peut excéder les produits, » avait dit avant lui Quesnay. « La mesure des subsistances est celle de la population. Mais l'économie dans les dépenses, le sage emploi des consommations faites par les hommes utilement laborieux peuvent accroître presque indéfiniment la masse des capitaux; » autrement dit la production.

Mais encore une fois, je ne traite pas en ce moment la question de la population, et je n'en ai voulu dire que ce qui était indispensable pour avertir des erreurs et des calomnies dont est victime la mémoire de Malthus. Je reviens à la question de l'assistance, au sujet de laquelle il n'a pas été moins mal jugé, et sur laquelle il importe de se faire des idées saines.

« Nous sommes, » dit Malthus, « des êtres raisonnables, et nous devons chercher à régler nos actes selon la raison, en essayant de nous rendre compte de leurs conséquences. » Or l'expérience, et particulièrement celle de la charité officielle et banale, telle qu'elle se pratiquait en Angleterre, avant lui, a démontré que ces distributions de secours par fournées et selon des listes arrêtées d'avance, au lieu de diminuer le nombre des pauvres et des mendiants et de les aider à se relever en cherchant du travail, ne faisaient que les enraciner dans la paresse et dans la misère, en les accoutumant à compter sur autrui, et contribuaient à entretenir et à développer une tourbe de professionnels de l'oisiveté et de la mendicité, honte et menace pour la société qui les nourrit, et se transmettant de père en fils leur esprit de révolte et de haine contre cette société. L'homme vé-

ritablement bienfaisant, dit Malthus, ne se laisse pas duper par
de fausses apparences et ne cède pas par faiblesse aux impor-
tunités. Il sait discerner le véritable besoin du mensonge et
imposer silence au mendiant impudent. Mais il accueille, il
recherche, il soulage le dénûment vrai et la souffrance coura-
geuse. Non content d'ouvrir, quand il le croit juste et utile, sa
main à la main qui se tend vers lui, il se souvient que ce n'est
pas en vain que le pauvre et le riche se rencontrent, et « il
s'honore de cette rencontre. » Aux secours matériels, qui ne
peuvent que soulager passagèrement le corps, il sait joindre
les indications utiles, les bons conseils, les marques d'intérêt,
la bienveillance personnelle, qui relèvent le courage et mettent
dans l'âme l'espérance et la consolation. Voilà pour nos devoirs
à l'égard de la véritable misère, de celle qui n'est pas une
exploitation impudente de la pitié ou une dégradation irrépa-
rable.

Mais ce n'est pas assez. Même cette misère incurable et coupable, lorsqu'elle est réelle et douloureuse, Malthus ne l'aban-
donne pas à elle-même, en se bornant à dire qu'elle est un châtiment mérité et un avertissement salutaire. A l'homme qui a
faim et qui ne peut plus se procurer de pain, il ne se refuse
pas à en donner. A la femme, à l'enfant que laisse sans secours
la lâcheté égoïste du mari ou du père ivrogne, il veut que l'on
vienne en aide, mais avec intelligence et non pas, comme il
arrive trop souvent, en entretenant le vice, cause de la misère.
Et ce que, dans ces différents cas, l'on fait pour le mauvais
pauvre ne doit jamais, a-t-il soin d'observer, équivaloir à ce que
peut obtenir, pour son salaire, un ouvrier honnête et laborieux.
Aller au delà, c'est encourager l'imprévoyance, le désordre et
se rendre complice du mal.

Ce n'est pas tout. Quand, fut-ce par sa faute, un homme est
atteint par la maladie, victime de quelque accident; quand on
se trouve en présence d'un bras ou d'une jambe cassés, d'une
fluxion de poitrine ou d'une attaque de rhumatisme, ce n'est
pas le moment de détourner la tête et de dire au malade qu'il
paye justement le prix de ses fautes; il faut commencer par le
secourir; on lui fera plus tard la leçon.

> Eh! mon ami, sauve-moi du danger,
> Tu feras après ta harangue !

avait dit, avant lui, le bonhomme La Fontaine.

Telle est, réduite à sa plus simple expression, la morale de
Malthus et sa théorie sur la charité. Elle est exposée d'ailleurs

avec un accent d'humanité, de bienveillance, de réelle et res
pectueuse sympathie pour le malheur et de compassion pour la
faute elle-même, dont il est impossible, si l'on est sincère, de
méconnaître la grandeur.

Je sais que, tout en rendant justice peut-être à ces sentiments, beaucoup, aujourd'hui, ne veulent plus admettre ni ce
mot de charité que je viens de prononcer, ni celui d'aumône.
Ce sont là, disent-ils, des termes désobligeants, qui supposent
de la part de celui qui donne un mérite, et de la part de celui
qui reçoit une dette de gratitude. Le secours est un droit, et
l'on ne doit rien à celui, individu ou administrateur, qui le
donne.

Mais comme dette, comme créance, dans le sens rigoureux
du mot, qui en déterminera la validité et la limite ; qui fera le
dénombrement exact des ayants-droit et la mesure de la taxe à
imposer aux débiteurs? Qui ne voit qu'en substituant ainsi à
l'idée d'un devoir, dont l'accomplissement suppose l'exercice
de la volonté et de la raison, un droit absolu et cependant indé-
terminable, on ouvre, d'une part, la porte à toutes les exigences,
et on la ferme, de l'autre, aux sentiments les plus honorables
et les plus généreux de la nature humaine, à la bienfaisance
réelle et à la sympathie?

> LA LIBERTÉ FERA AUX INTÉRÊTS UNE ✝ ✝
> JUSTICE QUE TOUTES VOS LOIS ARBITRAIRES
> NE SAURAIENT LEUR FAIRE. ✝ ✝ ✝ ✝ ✝
>   LAMARTINE.

Coalitions et Grèves.

◊ ◊ ◊

TOUT marchand cherche à vendre cher sa marchandise,
et tout acheteur cherche à obtenir au plus bas prix possible celle qu'il veut se procurer. Le libre débat, lorsque
les lois n'y mettent point obstacle, finit par déterminer
à quel point leurs prétentions adverses se doivent rencontrer.
Il se fait même, dans les sociétés où beaucoup de transactions
analogues s'opèrent, une sorte de moyenne, qui finit par être,
dans la majorité des cas, acceptée comme normale et qui prend

le nom de « prix-courant ». Il y a, dans chaque profession et à chaque époque, un prix-courant des salaires et des différentes sortes de salaires, suivant les localités ; et ces prix-courants, sans être absolus et sans empêcher des arrangements particuliers plus ou moins différents, se maintiennent pendant un certain temps. Ils subissent cependant, lorsque les circonstances changent, des modifications, parfois importantes, soit en hausse, soit en baisse ; et c'est ce qui arrive, notamment, quand une crise industrielle ou commerciale vient troubler gravement les affaires, quand un désastre financier ou une guerre altèrent les conditions du travail, ou quand une demande exceptionnelle de tel ou tel article en fait subitement monter le prix. D'une façon générale, et sans empêcher ces variations partielles, on peut dire que le prix de la main-d'œuvre, ou salaire, tend à s'élever, et que, même sans entente avouée, et, à plus forte raison, en se concertant, les salariés de chaque catégorie visent incessamment à faire accroître leur rémunération. Leurs réclamations, quand elles se traduisent sous la forme de démarches collectives, prennent le nom de *coalitions* ou de *grèves*. Et elles peuvent être plus ou moins accentuées, amiables et paisibles, impérieuses, menaçantes ou violentes. Elles sont, selon les cas, des manifestations incontestables de la liberté de discussion, ou des violations inexcusables de cette liberté.

On se figure assez généralement que ces désaccords entre employeurs et employés, ces interruptions de travail et ces levées en masse de tels ou tels corps de troupes de la grande armée du travail sont des nouveautés, et l'on en accuse volontiers ce qu'on appelle le régime nouveau, ou la démocratie. On se figure que, sous l'ancien régime, quand le Souverain pouvait dire, pour toute justification de ses décrets et ordonnances : « Car tel est notre bon plaisir, » il en était tout autrement, et que le grand troupeau de ce qu'on nomme un peu dédaigneusement la classe ouvrière accomplissait silencieusement sa tâche en acceptant, sans discussion, comme le bœuf accepte sa pâture, la rétribution qui lui était offerte. Il n'y a pas de plus grave erreur. De tout temps le monde du travail a été agité comme il l'est aujourd'hui. Des ordonnances de François Ier, à propos de réclamations des ouvriers imprimeurs de Lyon, enjoignent à ces artisans de se contenter des salaires et livrées auxquelles ils sont accoutumés, et, pour prévenir toute entente entre eux, leur interdisent de se réunir ailleurs que dans les « chambres et poêles » de leurs maîtres, « même pour ouïr messe en commun ». Les statuts de la Reine Élisabeth, en Angleterre, et de la plupart des rois ses prédécesseurs et successeurs, contiennent des proscriptions et interdictions du même genre, jusqu'à ordonner aux cultivateurs de faire connaître « le nombre d'attelages de bœufs et d'hommes » qu'ils emploient; et à faire marquer, au front, de la lettre R. (*robber*, voleur) les ouvriers agricoles qui se déroberaient par la fuite à leur servitude. En Allemagne, les Juges de paix étaient investis du pouvoir de fixer d'autorité les salaires des diverses professions. Et lorsqu'en 1791 l'Assemblée Constituante abolit le régime des corporations et maîtrises, elle prohiba, par un article spécial, « toute réunion d'artisans d'un même métier sous prétexte de s'occuper de leurs *prétendus* intérêts communs ».

Aussi, dans la première moitié du xixᵉ siècle encore, toute idée d'accord entre les intéressés au sujet des conditions de leur travail était-elle considérée comme illégale et sévèrement punie. En Angleterre, jusqu'en 1825, tout concert, même pacifique, entre ouvriers, pour faire modifier leurs salaires, était qualifié de conspiration (Conspiracy,) et traité en conséquence. En France jusqu'en 1863, il en était de même, et les coalitions et grèves, même sans violence aucune, tombaient sous le coup des articles du Code pénal.

Aujourd'hui, dans ces deux pays, le droit de coalition est hautement reconnu, et l'on peut dire, qu'on fait au moins, il en est à peu près de même partout. En principe, on ne peut qu'approuver cette réforme. Il est clair que, tout homme étant maître de sa personne et seul juge de savoir s'il lui convient ou non de consentir à telles ou telles conditions de travail, on ne saurait refuser à un groupe plus ou moins nombreux d'hommes de formuler les mêmes prétentions ou les mêmes répulsions. L'homme isolé, en face de la force, individuelle ou collective, que représente le patronat, est impuissant; ce n'est que par l'union qu'il peut arriver à se faire écouter. Mais cette union, tout comme la force capitaliste ou patronale, peut devenir oppressive. Et alors les rôles changent et ce n'est pas la liberté qui triomphe, c'est l'arbitraire ouvrier qui remplace l'arbitraire patronal. Ce n'est plus l'ouvrier réduit à travailler pour un salaire qu'il n'accepte pas, c'est l'ouvrier réduit à ne pas travailler pour le salaire qu'il accepte; c'est le chômage imposé, quelque déraisonnable qu'il soit, par des minorités violentes à des majorités asservies. C'est l'industrie privée de sécurité par les brusques cessations de travail auxquelles elle est exposée. C'est l'incertitude partout, les contracts et les engagements les plus formels, à toute heure, mis en question, rompus avec ou sans prétexte, et toute prévision sérieuse devenue impossible.

Expliquons-nous bien ; il ne s'agit pas de rien retirer des libertés reconnues, et, sous prétexte d'ordre et de discipline, de rétablir l'ancienne suprématie du patronat. Il s'agit, au nom de la liberté vraie, de la liberté de tous, d'empêcher les uns d'être tyrannisés par les autres, et la violence et l'impro- bité de se donner carrière sans obstacle. La discussion des con- ditions du travail doit être libre, absolument libre, aussi bien pour des groupes volontairement formés que pour des indivi- dus isolés, aussi bien pour les heures et la durée de la journée, ou l'installation des ateliers que pour le chiffre de la rémuné- ration. Mais, une fois un engagement contracté, il doit être observé, sans changement non réciproquement admis, jusqu'à expiration du temps convenu ou achèvement de l'ouvrage entre- pris. Si, dans l'industrie dont il est question, il y a un délai d'usage pour la mise à pied ou l'abandon de l'ouvrage, ce délai, d'une part, aussi bien que de l'autre, doit être respecté. L'ou- vrier ne peut pas honnêtement demander son compte à la minute, pas plus que le patron le mettre dehors séance tenante. Si, individuellement ou en groupe, en équipe, un ou plusieurs hommes se sont engagés à exécuter, dans un temps donné et pour un prix de.... soit à forfait, soit à la journée, un travail déterminé, ils ne peuvent, sous aucun prétexte, exiger d'autres conditions avant d'avoir achevé l'ouvrage entrepris. C'est une question d'honneur, et c'est une question d'intérêt ; car agir autrement c'est compromettre la marche de la maison à laquelle on est attaché, peut-être de l'industrie que l'on exerce dans le pays où l'on est, et s'exposer à demeurer à pied définitivement.

A plus forte raison doit-on s'abstenir, pour faire prévaloir ses prétentions, de toute intimidation, de toute violence, de toute injure et de tout sévice à l'égard soit des patrons dont on veut obtenir des concessions, soit des camarades qui veulent rester en dehors du mouvement. Se livrer à de tels actes, altérer les produits que l'on doit fournir, endommager les outils ou les machines, « saboter », comme l'on dit, et s'imaginer que l'on joue innocemment un tour au « singe », c'est se con- duire en malhonnêtes gens et, qui pis est, en imbéciles. Car toute perte subie par l'entreprise retombe fatalement sur le personnel entier. Si le patron est ruiné, c'est la maison fermée et le personnel en plan. S'il n'est qu'atteint dans ses intérêts et sa sécurité, ce sont ses ressources et sa bonne volonté dimi- nuées et le salaire nécessairement réduit comme un cours d'eau qui baisse, et dans lequel il est devenu plus difficile de puiser.

Si l'on veut que les rouages d'une machine marchent sans grincer et sans se rompre, ce n'est pas du sable et du gravier qu'il y faut mettre, c'est de l'huile. « L'huile, » dit un vieux proverbe, « est à moitié serrurier. » Liberté, respect mutuel et bienveillance, voilà les vrais secrets pour résoudre, au profit de tous, le problème social.

L'UNE DES CAUSES DE NOTRE INFÉRIORITÉ, PAR RAPPORT AUX FILATEURS ANGLAIS, C'EST QUE NOUS TRAVAILLONS DEUX HEURES DE TROP. ✝ ✝ ✝ ✝ ✝ ✝ ✝ ✝ ✝

OTTEVAERE, filateur à Gand.

Les Trois-Huit.

◊ ◊ ◊

VOILA une formule dont la fortune peut sembler extraordinaire. Inconnue ou peu s'en faut, dans la première moitié du XIXᵉ siècle, elle est aujourd'hui un mot d'ordre, et le mot d'ordre d'une grande et puissante armée, de la plus grande et plus puissante armée qui fût jamais, l'armée internationale des travailleurs. C'est en elle que se résume et se condense, pour ainsi dire, le plus clair de leurs revendications. C'est elle qu'ils inscrivent, dans toutes les langues, sur leur bannière, et c'est en son nom qu'à une date, qui tend à devenir légendaire, ils organisent, dans toute l'étendue du monde civilisé, des manifestations dont il serait insensé de nier l'importance.

Je ne m'en étonne qu'à demi. Et je ne suis point de ceux qui ne voient dans l'agitation en faveur de la journée de huit heures qu'une forme passagère du perpétuel mécontentement qui travaille les sociétés humaines. Je sais d'ailleurs que, si l'impopularité comme la popularité de la formule est relativement récente, la formule date de loin ; je surprendrai peut-être plus d'un de ceux qui me liront, en disant qu'il y a bien longtemps, pour ma part, que je la connais et que j'en suis partisan. C'était vers les premières années de cette utile publication qui a rempli et honoré la vie d'Edouard Charton : le *Magasin pittoresque.*

Dans un court article, tel que les aimait ce sage et habile homme de bien, je lisais, sous ce titre : *Le Savant forgeron*, comment un artisan américain, Elihu Burritt, en divisant sa journée en trois parts, l'une pour le travail manuel, l'autre pour le travail intellectuel et la troisième pour le repos et la réparation des forces, était arrivé rapidement à devenir tout à la fois l'un des meilleurs ouvriers et l'un des hommes les plus distingués de son pays. Je n'ai su que plus tard à quel degré de supériorité, par l'admirable emploi qu'il sut faire de sa vie, ce personnage, alors bien peu connu, devait arriver. J'ignorais que, non content d'acquérir et de posséder la plupart des connaissances humaines, de parler presque toutes les langues et d'exceller dans presque tous les métiers, il marquerait parmi les véritables bienfaiteurs de l'humanité et travaillerait avec un zèle infatigable à répandre dans les deux Mondes les meilleures semences de la paix et de la justice sociale et internationale. J'ai dû à cet apostolat, dans lequel je m'honore d'avoir essayé de le suivre, d'entrer en relations personnelles avec lui, et il m'a été donné de l'entendre, à Londres, dans sa vieillesse, devant 2.000 personnes, rappeler qu'aucun homme peut-être, en Amérique ni en Europe, n'avait travaillé de ses mains plus durement qu'il ne l'avait fait.

Mais, dès le premier moment, j'avais été séduit par cette judicieuse façon de mettre l'équilibre dans sa vie, et de faire, comme dit Xavier de Maistre, une part convenable à la bête et à *l'autre*. Ce qui n'empêche pas, je suis bien obligé de le confesser, que je n'ai guère suivi, à aucune époque de ma vie, avec une régularité suffisante, l'excellent régime de l'honnête Burritt.

C'est que l'on ne fait pas comme l'on veut en ce monde, pas plus en haut qu'en bas et dans une condition que dans une autre. C'est que, il y a bien des choses qui nous commandent, et que rares, très rares, sont ceux qui peuvent arriver un peu à commander aux choses. Pour les uns, c'est le pain à gagner, la famille à élever ; pour les autres, la carrière à préparer ou à faire, les examens à passer, les diplômes à obtenir, l'avancement à assurer ; pour d'autres enfin et surtout peut-être pour ceux que l'on dit arrivés et auxquels on porte envie, les obligations de la clientèle, de la situation sociale, de la réputation, des services rendus, au nom desquels il faut en rendre de nouveaux, le train de la vie qui emporte et qu'il est devenu impossible de modérer.

Aussi, tout en demeurant, tout en étant de plus en plus par-

tisan du régime de Burritt, tout en considérant, comme le but
vers lequel on doit tendre, ce partage raisonnable de la vie
dont il a donné l'exemple, n'ai-je jamais pu souscrire à l'idée
de faire de cette formule, non plus que d'aucune autre, une
règle uniforme et aveugle, encore moins de l'imposer par la loi
à toutes les catégories de travailleurs. Tous les travaux se res-
semblent-ils? Et peut-il dépendre d'un législateur plus ou
moins docile aux exigences des prétendus organes de la volonté
populaire de plier sous le même niveau les faits et les volontés ?
Tel labeur épuisant ne peut être, sans inconvénients, poursuivi
au delà de cinq ou six heures ; telle autre occupation moins
pénible sera, sans fatigue sérieuse, prolongée le double de ce
temps. Tel ouvrier robuste et, d'ailleurs, chargé de famille,
pourra et voudra, en faisant une journée complète, se procurer un gain dont il a besoin ; tel autre préférera ménager ses
forces en limitant son travail et son salaire. Les circonstances,
d'ailleurs, ne commandent-elles pas, bien souvent ? C'est le
hareng ou la sardine qui donnent : il faut les préparer sans
délai ou tout perdre. C'est l'orage ou la gelée qui menace : il
faut sauver la récolte ou rentrer les pommes de terre ou les bet-
teraves. C'est une commande qui presse et qui doit être livrée à
heure fixe : s'arrêtera-t-on parce que l'horloge aura sonné la
huitième heure, ou parce que le législateur, dans sa sagesse,
aura décrété que les jours se suivent et se ressemblent ? Allez
donc interdire au cultivateur de se lever, en été, avec le soleil,
et de prolonger le soir, quand la lune donne, sa journée jusque
dans la nuit. Prescrivez à la couturière, dont on attend la robe
pour un deuil ou pour un mariage, de poser là son aiguille et
ses ciseaux, et d'aller prendre tranquillement son repos parce
qu'elle est à l'ouvrage depuis le matin ou parce que le travail
de nuit est contraire à sa santé. Ils vous répondront que la
nécessité commande. Et ils ajouteront, comme le fera la mère
qui passe les jours et les nuits au chevet de son enfant malade,
que la nécessité s'appelle souvent le devoir, et que du devoir
chacun doit pouvoir rester juge.

Oui, sans doute, il est désirable que la journée de travail soit
réduite. Il est désirable, — et cela ne peut être obtenu que par
le perfectionnement de l'outillage, l'amélioration des procédés
et le développement du capital — que la puissance productive
du labeur humain s'accroisse assez pour permettre de diminuer
l'effort en en augmentant le résultat. Plus de pain et moins de
sueur ! n'en déplaise aux apôtres du protectionnisme, qui se
donnent tant de mal pour nous faire manger moins de pain avec

plus de sueur. Mais ce progrès ne peut être accompli partout en
même temps et dans la même mesure ; et, par conséquent, c'est
une prétention vaine et dangereuse que celle d'imposer à toutes
les professions et à tous les individus, dans la même profession,
la même règle et les mêmes obligations. La dignité humaine,
qui implique la liberté, s'y oppose. Je ne veux pas et je ne dois
pas être contraint, même à la sagesse, et il n'est pas bon que
je le sois; car sagesse imposée n'est plus sagesse, et faire de
la vertu une consigne, c'est lui enlever son mérite et son effica-
cité.

L'intérêt aussi, l'intérêt bien entendu y répugne ; car il n'est
nullement nécessaire, pour arriver à réduire la journée de travail, de recourir à la loi. C'est par des expériences librement
faites, tantôt sur l'initiative généreuse et intelligente des chefs
d'industrie, tantôt sur les réclamations des ouvriers, qu'a été
commencé, dans la seconde moitié du xixe siècle, le mouvement
qui a déjà réduit, dans un si grand nombre de cas, la durée effective du travail [1]. La plupart des industriels ne savent-ils point,
aujourd'hui, et l'unanimité des économistes ne l'enseigne-t-elle
point, que l'on peut obtenir bien souvent, en un nombre d'heures
relativement limité, plus et mieux qu'en un nombre d'heures
exagéré ? La journée n'a-t-elle point été réduite, dans une partie des mines de l'Angleterre, sans l'intervention de la loi, non
seulement à huit heures, mais à sept ? Et, l'Association nationale des mineurs anglais, n'en faisait-elle pas, dans l'une de
ses réunions annuelles, à Durham, la constatation solennelle ?
Dans cette réunion, à laquelle assistaient les délégués de plus
de cent mille mineurs, il était décidé d'envoyer au ministre une
délégation chargée de lui présenter les objections des intéressés
contre toute ingérence parlementaire dans la question de la durée des heures de travail. L'assemblée votait même, en termes
plus généraux, une résolution condamnant toute ingérence légale
dans les questions de travail.

Que cette manière de voir se généralise ; que les ouvriers,
qui ont partout aujourd'hui la plus entière liberté de réunion
et de discussion, veuillent bien comprendre que c'est à eux et

---

1. Me sera-t-il permis de rappeler ici qu'en 1869, à la suite des conférences faites par moi à Metz et aux usines d'Ars-sur-Moselle, alors en
France, le travail du dimanche fut supprimé dans tous les ateliers qui
n'étaient point à feu continu, et la journée de travail fut réduite d'une
heure; ce dont les ouvriers me remercièrent par l'envoi d'un bel écusson
en fer ouvragé, à mon chiffre, travail de leurs mains?

non aux législateurs à faire leurs affaires, qu'au lieu de demander sous une forme plus ou moins comminatoire et, par conséquent, plus ou moins contraire à la sécurité publique, qui est
leur premier intérêt, des mesures d'une uniformité aveugle et
souvent impossible, ils fassent, selon les temps et les lieux,
prévaloir leurs réclamations légitimes et, peu à peu, démon-
trent, par les résultats, la supériorité de la journée réduite sur
la journée prolongée. Et ils feront, qu'ils me permettent de le
dire, plus pour leur cause que ne pourraient faire, par une
règlementation universelle, tous les parlements du monde. On
leur parle tous les jours, pour leur malheur, de la propagande
par le fait. La vraie propagande par le fait, c'est la propagande
par la discussion et par l'expérience. Elle s'appelle la liberté.

IL FAUT SAVOIR FAIRE LA PART DU FEU.
Dicton populaire.

L'Assurance.

o o o

L A vie de l'homme est livrée au hasard. Des événements
imprévus, et souvent impossibles à prévoir, viennent
déranger ses calculs et anéantir ses espérances. La pluie,
la neige, la sécheresse font périr ses moissons ou ses
vendanges, la maladie emporte ses troupeaux, le feu détruit
ses bâtiments ou ses bois, la tempête engloutit ses marchandises,
les accidents et les infirmités le paralysent, la mort, enfin, en
arrêtant son activité, prive sa famille du fruit de son labeur et
met à néant toutes ses prévisions. Partout il est à la merci du
hasard, et « du hasard », comme l'a dit La Fontaine, « il n'est
point de science ».

Si, il en est une, mais partielle seulement, conjecturale et

Voir la discussion du 5 mai 1907, à la *Société d'économie politique*
(*Journal des économistes* du 15).

imparfaite, suffisante toutefois, non pour conjurer les événements et prévenir les accidents, mais pour en atténuer, en les répartissant sur un grand nombre d'intéressés, les conséquences les plus redoutables. Nous ne pouvons pas savoir que tel jour, et dans telles circonstances, telle maison brûlera, tel navire fera naufrage, tel champ ou tel vignoble sera saccagé par la grêle, tel individu sera malade ou mourra; mais nous pouvons, grâce à l'observation et à l'enregistrement des faits de même nature; grâce à ce qu'on a appelé « la loi des grands nombres », savoir que, pour une période de....., pour un chiffre déterminé d'années, de personnes, de maisons, de navires ou de cultures, il y aura tant de maladies, de morts, d'incendies, de naufrages ou de récoltes ruinées. Et, forts de cette connaissance, faisant en quelque sorte à l'avance la part du mal, et nous entendant pour répartir entre nous le dommage prévu, nous arrivons, non pas à supprimer le risque, mais à en atténuer les effets.

Nous nous associons donc. Nous mettons dans une caisse commune, soit sous forme de mutualité, soit par l'intermédiaire d'une société qui nous garantit, en cas de sinistre, une indemnité convenable, des sommes équivalant et au delà à ce que peut représenter, pour chacun de nous, la mauvaise chance à laquelle nous sommes exposés. En réalité, nous payons à tour de rôle la totalité du dommage qui nous atteint; seulement, au lieu de subir le sacrifice en une fois et comme un désastre qui nous ruine et nous écrase, nous l'avons divisé en une série de dépenses partielles, dont aucune ne dépasse ce qu'il nous a été possible de prélever sur nos ressources régulières : au lieu d'un coup de massue, pour reprendre cette expression, nous ne recevons plus que des coups de baguette, toujours désagréables, mais non mortels. Et nous arrivons de cette façon non pas à empêcher la maison de brûler, le navire de couler ou la mort de nous faire disparaître, mais à réduire, dans une proportion considérable, le dommage résultant, pour nous ou pour notre famille, du naufrage, de l'incendie ou de la mort. La maison est brûlée, le navire est perdu, le chef de famille est enlevé à ses affaires et à ses affections; mais une compensation a été préparée, aux dommages matériels tout au moins. Par des sacrifices que l'on s'est imposés aux époques de sécurité, on a préparé une épargne pour le jour du sinistre. Admirable mécanisme, qui ne supprime pas le mal, encore une fois, mais qui permet de le supporter ! On a fait, comme dit le proverbe vulgaire, la part du feu, et tout n'est pas dévoré.

QU'EST-CE DONC QUE L'IMPOT? EST-CE UNE
CHARGE IMPOSÉE PAR LA FORCE A LA † †
FAIBLESSE?...... LES DÉPENSES DU GOU-
VERNEMENT AYANT POUR BUT L'INTÉRÊT
DE TOUS, TOUS DOIVENT Y CONTRIBUER;
ET PLUS ON JOUIT DES AVANTAGES DE LA
SOCIÉTÉ, PLUS ON DOIT SE TENIR HONORÉ
D'EN PARTAGER LES CHARGES. † † † †
                                TURGOT.

L'Emploi de l'Impôt.

◊ ◊ ◊

JACQUES BONHOMME. — Bon! voilà encore votre avertissement, M. le Percepteur, et il n'a pas diminué. Deux
cents francs, sous des noms divers, dont le meilleur ne
vaut rien, pour un pauvre diable de petit cultivateur comme
moi! Deux cents francs! Mais je ne viens pas à bout, à la fin
de mon année, d'en mettre autant à la caisse d'épargne ou en
rente sur l'Etat. On me dit que c'est pour mon bien, pourtant,
qu'on me prend comme cela les trois quarts de mon pauvre
gain. Je serais curieux de voir en quoi cela me profite.

Le percepteur. — C'est bien facile, et si vous voulez nous
allons essayer de nous en rendre compte.

Jacques Bonhomme. — Voyons, je vous écoute.

Le percepteur. — D'abord vous n'avez pas envie d'être volé,
ni assassiné, ni incendié?

Jacques. — Assurément.

Le percepteur. — Eh! bien, il y a une police et une magistrature qui n'ont pas d'autre destination que de vous en préserver, des gendarmes qui parcourent la campagne, des gardes
champêtres qui veillent sur vos récoltes, des pompiers qui
combattent les incendies et des juges qui font respecter vos
droits.

Jacques. — Pas gratis, ce me semble! J'ai eu un petit procès
l'an dernier, avec Jean-Pierre, qui avait déplacé une borne et
voulait me manger un ou deux sillons. Il a été condamné, c'est
vrai, et j'ai gardé mes sillons; mais Dieu sait ce que cela m'a
coûté en courses, en audiences, en papier timbré, en avocat et
en avoué! Enfin passe pour cela, quoiqu'il me semble que la
justice pourrait être à meilleur marché.

Le percepteur. — Vous avez besoin de routes pour faire vos courses et porter vos denrées au marché. Il faut des ingénieurs, des agents voyers, des cantonniers, des ouvriers pour extraire les pierres, des terrassiers, etc. Tous ces gens-là vous servent ; n'est-il pas juste que vous et tous ceux qui, ainsi que vous, profitent des voies de communication, vous contribuiez à les payer?

Jacques. — Sans doute ; aussi je ne chicane pas sur ce chapitre et je suis prêt à payer ma part des services que l'on me rend. Mais je trouve un peu bien dur, je vous l'avoue, de payer encore pour des choses dont je ne jouis pas : pour les théâtres de la ville, par exemple, ou pour les courses de chevaux, auxquelles on va s'écraser et perdre son argent. ·

Le percepteur. — Mais, mon cher Jacques, il faut bien que l'Etat encourage les arts et qu'il perfectionne la race chevaline. Cela coûte très cher les arts ; les musiciens et les danseurs sont hors de prix, les danseuses surtout, et les décors et les costumes et le reste ! Si l'Etat ne subventionnait pas l'Opéra, le Théâtre-Français et d'autres, vous ne pourriez plus avoir ces représentations admirables qui attirent le monde élégant du reste de l'Europe et font de Paris et de nos grandes villes des foyers de lumière et de goût. Et les chevaux, mon cher Jacques, voyez donc avec quel entrain on va les voir courir, quelle foule, quelle animation ! Et quel enthousiasme quand nous battons les Anglais ! Cela rend fier de son pays !

Jacques. — Ma foi, monsieur le percepteur, soyez fier de la victoire d'un jockey et du jarret d'un cheval tant que vous voudrez, je n'y vois pas de mal ; mais permettez-moi de penser, moi qui ne vais pas aux courses et n'ai que faire de vos pur-sang, que mes francs ou mes sous — qui y vont et n'en reviennent pas — seraient mieux employés à acheter des outils ou de l'engrais pour améliorer ma culture et à procurer un peu plus de pain, et à meilleur prix, à mes compatriotes qui en manquent ou le trouvent trop cher. Que votre beau monde, qui se montre à vos représentations artistiques, musicales, hip-piques ou chorégraphiques, aille y étaler ses toilettes et son ennui ; mais qu'on ne vienne pas me prendre, à moi qui ne me soucie pas de tout cela, mon pauvre argent, dont j'ai besoin. Et là, franchement, croyez-vous vraiment que ce soit bien utile toutes vos courses et toutes vos fêtes ? Vous mettez en l'air toute la population. Des ouvriers qui auraient besoin de gagner leur journée, des boutiquiers qui devraient être à leurs affaires et attendre le client pour le servir, prennent l'habitude de courir et de perdre leur temps ; ils s'exposent au froid, au chaud, à la pluie ; ils dépensent, ils parient, ils se démoralisent et ils se ruinent, quand ils ne font pas pis. Je ne sais si l'on a réellement, depuis qu'on s'occupe tant des bêtes et si peu des hommes, amélioré la race chevaline ; mais je crois qu'on a singulièrement détérioré la race humaine et vidé sa bourse. Cela ne fait pas compensation.

Le percepteur. — Vous êtes de mauvaise humeur, mon ami. C'est beau cependant, je vous assure, de voir passer comme le vent ces cavaliers qui se disputent le prix, ou d'assister à l'une de ces magnifiques soirées de notre grande Académie nationale de musique. Vous ne résisteriez pas à l'enthousiasme si vous y étiez.

Jacques. — Possible, monsieur le percepteur; mais je n'y suis pas; encore une fois, il n'y a que ma bourse qui y est, et ce n'est pas la même chose.

Le percepteur. — Oh! c'est si peu ce que cela vous coûte! Ce n'est pas là ce qui grossit sensiblement votre cote.

Jacques. — Et quoi donc alors ?

Le percepteur. — Mais la défense nationale, l'entretien de notre armée et de nos flottes, la fabrication de nos canons et de nos sous-marins, l'extension et la garde de notre domaine colonial, le plus vaste du monde après celui de nos amis les Anglais.

Jacques. — Ah! oui, en effet, cela nous coûte gros, à ce qu'il paraît, et j'en supporte ma part, sans compter que cela m'a déjà coûté un fils, qui est mort de la fièvre en Afrique, et que j'en ai un autre qui vient de partir pour le Maroc, et qui me manque fort pour faire les semailles.

Le percepteur. — Sans doute, sans doute; mais la gloire, Jacques, la gloire, l'honneur du drapeau, le prestige du nom Français !

Jacques. — Je suis patriote, monsieur le percepteur. J'ai fait mon devoir quand la patrie a été attaquée, et mes blessures ne me permettent pas de l'oublier. Mais, à parler franc, si j'ai trouvé mauvais qu'on vînt nous attaquer, et si je considère comme le premier des devoirs de défendre sa terre natale, je ne vois pas bien ce qu'il peut y avoir de beau à aller disputer aux autres le sol qu'ils habitent, et réduire en servitude des hommes qui ne demanderaient qu'à vivre tranquilles chez eux et à commercer librement avec nous, c'est-à-dire à travailler pour nous, à la condition que nous voulions bien travailler aussi pour eux. Nous avons envie ou besoin du thé, du café, du cacao, du coton, des fruits, du cuivre ou de l'or des peuples

étrangers, et ces peuples ont besoin des produits de notre sol ou de notre industrie, de nos arts, de nos étoffes, de nos meubles. Est-ce que nous ne pourrions pas, une bonne fois, nous entendre les uns avec les autres pour cesser de nous faire du mal et garder nos enfants et notre argent?

Le percepteur. — Jacques Bonhomme, mon ami, vous m'inquiétez. Je vous croyais un homme pratique, et voilà que vous donnez dans les idées de ces fous qui veulent nous persuader de laisser les autres tranquilles pour qu'ils nous laissent tranquilles. Nos gouvernements sont plus sages que vous, heureusement. Ils continueront à vous prendre votre argent pour fabriquer des canons et des navires de guerre avec le fer que vous auriez la sotte fantaisie de changer en charrues et en moissonneuses, et ils vous prendront vos fils pour les envoyer à la gloire.

Jacques Bonhomme. — A la gloire, monsieur le percepteur, ou à la mort ; et, finalement, nous tous à la misère et au désespoir.

IL N'Y A D'AMORTISSEMENT RÉEL QUE † † LORSQU'IL Y A DIMINUTION EFFECTIVE DU PASSIF. † † † † † † † † † †
Sadi CARNOT.

L'Amortissement.

◊ ◊ ◊

CORRUPTIO OPTIMI PESSIMA. Rien de pire que l'abus des bonnes choses. Cette maxime convient tout particulièrement à l'amortissement, pratique excellente et précaution salutaire ou dangereuse illusion et ruineux expédient, selon la façon dont on le comprend et l'usage qu'on en fait.

Le capital, ai-je dit, ne se conserve pas naturellement comme on le croit trop souvent. Il se renouvelle, et, si l'on n'a pas soin de le renouveler, il périt. Une maison se détériore par le temps, même et surtout si elle ne sert pas ; un navire se fatigue et n'est plus, au bout d'un certain nombre d'années, qu'une vieille carcasse bonne à démolir. Les machines, les outils, sont mangés par le travail et, encore plus par la rouille, ou, s'ils se conservent matériellement, dépérissent moralement par la diminution de valeur que leur font subir les appareils nouveaux et les procédés perfectionnés. Il est donc sage, si l'on ne veut pas voir fondre entre ses mains les ressources que l'on possède, de les reconstituer, à mesure de leur dépérissement, par des prélèvements opérés sur le produit que l'on en tire ; et, dans toute entreprise bien conduite, une somme annuelle est déduite des recettes, pour compenser cet inévitable dépérissement : c'est l'amortissement, plus ou moins considérable selon les cas, faute duquel on va à la ruine.

Les corps publics, les villes, les provinces, les Etats (lorsque, par de grands travaux engloutissant des sommes considérables, grâce à des emprunts souvent, ils se font entrepreneurs et industriels) sont soumis à la même loi, et, s'ils veulent gérer leurs affaires en bons pères de famille, ils sont tenus de mettre chaque année, dans leur budget, un article pour l'amortissement de leurs dettes et de leurs capitaux investis. Mais cet amortissement, par suite d'une illusion dont l'origine remonte à un savant Anglais, le docteur Price, reste le plus souvent fictif, et les déficits causés par les emprunts et par les excédents de dépenses, qui les rendent nécessaires, loin de diminuer du fait de cet artifice de comptabilité, ne font que s'accroître en quelque sorte automatiquement.

Le docteur Price, mathématicien habile (il n'était pas nécessaire d'être un Newton ou un Pascal pour trouver cela), avait constaté que si, en faisant une dépense ou en contractant un emprunt, on plaçait à intérêt composé une fraction, même peu considérable, de la somme engagée, cette somme, par le jeu naturel de ses intérêts, se trouvait, au bout d'un nombre proportionnel d'années, naturellement reconstituée. En sorte, concluait-il, que l'on peut trouver, dans l'emploi de la somme empruntée lui-même, la garantie de son remboursement et la sécurité de son avenir.

Assurément, mais à une condition : c'est que le jeu naturel de cet amortissement prévoyant ne soit pas contrarié par de nouvelles dépenses qui l'annulent, ou creusent un nouveau déficit ; et que, pour maintenir à son budget un article amortissement, on n'y inscrive pas des dettes ou des dépenses égales ou supérieures. Or c'est ce qui n'a pas manqué d'arriver, dans les budgets publics surtout. Les ministres, pour aligner leurs comptes, ou pour faire accepter des ouvertures de crédits plus ou moins avouables, se disaient à eux-mêmes et disaient aux députés et aux contribuables : « Soyez sans crainte, nous avons pris nos précautions. L'amortissement est notre assurance, et nous ne manquerons pas de payer la prime tous les ans. » Ils ne la payaient pas toujours. Elle a été bien des fois suspendue, et, quand ils la payaient, c'était au prix d'un emprunt de plus, dont l'amortissement s'obtenait par le même procédé et dont le poids s'ajoutait à la dette. C'est ce que l'on appelle, trop justement, découvrir saint Paul pour couvrir saint Pierre, ou boucher un trou en en faisant un autre.

« Il n'y a » comme l'a proclamé un jour l'honnête Sadi Carnot, « d'amortissement réel que lorsqu'il y a diminution effective du passif ». Particuliers ou États, la loi est la même pour tous. Et pour arriver à ce résultat, il faut ou réduire les dépenses ou augmenter les recettes.

On a posé parfois la question inverse. Que doit-on faire quand on est en face d'un excédent de recette? Je dis d'un excédent réel. Le cas est si rare que l'on peut se demander s'il est bien utile de le prévoir. Mais, puisque la question a été posée, essayons d'y répondre.

Quand on a un excédent de recette, et que l'on ne veut pas se presser d'en profiter pour se permettre des dépenses inutiles, il n'y a, ce semble, que deux partis à prendre : ou diminuer les impôts — ce qui soulagera le contribuable et encouragera son activité — ou rembourser une partie de ses dettes (ce qui amènera comme conséquence une diminution moindre, mais réelle, des dépenses, en réduisant le chiffre des intérêts à payer). Il paraît difficile de dire à l'avance, et pour tous les cas, lequel des deux partis doit être préféré.

Si, parmi les impôts existants, il en est de plus onéreux que d'autres, gênants et par eux-mêmes et par les formalités compliquées et vexatoires qu'ils entraînent, fatalement inégaux par l'impossibilité de les proportionner aux différents degrés d'aisance ou de pénurie des contribuables, ce sont ces impôts, évidemment, qu'il faut réduire, supprimer quand on le peut, en faisant de ces dégrèvements qui augmentent, comme le disait Gladstone, la puissance productive du contribuable. Si, parmi les emprunts contractés, il en est qui aient été émis à des conditions désavantageuses, à 8 ou 9 %, par exemple, comme ceux du début de la Restauration, et que, par suite de l'amélioration du crédit, l'intérêt soit tombé à un taux moins élevé, à 5, à 4, à 3, il n'est pas moins évident qu'il est désirable de rembourser ces emprunts ; ce qui aboutira encore à permettre de diminuer les impôts.

Il est vrai, malheureusement, que le choix peut être difficile à

faire, car il est rare, à la façon dont les événements politiques
nous ont traités, dans tous les pays dits civilisés, et dont nos
finances ont été gérées, que nous n'ayons pas à la fois à supporter des impôts mal établis et des dettes plus lourdes que de
raison. C'est un problème de circonstance, à résoudre, s'il est
possible, avec un sentiment sincère de la justice et de l'intérêt
réel du contribuable.

ON PEUT MANQUER DE TOUT, SE PRIVER DE
TOUT ; ON NE PEUT NI MANQUER, NI SE
PRIVER DE PAIN. ET IL NE SUFFIT PAS
QU'IL Y EN AIT ASSEZ, IL FAUT ENCORE
QU'IL NE SOIT PAS TROP CHER. ✝ ✝ ✝ ✝

MELINE.

(Discours faisant connaître officiellement « les raisons très sérieuses qui
ont amené le gouvernement à écarter les droits sur les blés »).

Le Prix du Pain.

◊ ◊ ◊

JACQUES BONHOMME. — Voilà le pain qui augmente ; il
était déjà bien cher. Le Gouvernement ne devrait pas tolé-
rer cela ! Pourquoi ne fait-il pas une bonne loi pour empêcher les cultivateurs, les meuniers et les boulangers de
spéculer sur la misère du pauvre peuple ? Si nous sommes
obligés de regarder à ce que nous mangeons, comment veut-on
que nous travaillions ? Quand l'estomac est creux, les bras ne
sont pas solides.

— Vous avez raison, mon ami, c'est très malheureux que le
pain soit si cher ; mais le Gouvernement n'y peut peut-être pas
autant que vous le croyez, et, s'il y peut quelque chose, ce n'est
pas de la façon que vous pensez. Quand la récolte n'est pas
bonne, il faut bien que nous fassions attention à ne pas gaspil-
ler le pain, car si nous en mangions ou en gâchions autant que
lorsqu'il est abondant, il arriverait que nous n'en aurions pas
assez pour aller jusqu'à la récolte prochaine. Or il n'y a qu'une
chose qui puisse nous avertir et nous rendre économe, c'est le

---

Voir mes discours à la Chambre des députés sur la *Question des
Douanes*, 1885 et 1886 ; *La liberté du Commerce et les Traités de Commerce*,
conférence (Alcan). V. également mes discours en commémoration de
Cobden et de Bastiat, à la Société d'économie politique.

renchérissement. Le Gouvernement aurait beau nous dire, par des affiches et des ordonnances : « Faites attention, l'année n'a pas été bonne; ne mangez pas trop et ne donnez pas de pain aux chiens et aux poules; » nous n'en ferions ni plus ni moins. Mais si le pain coûte un sou de plus le kilog., ou le demi-kilog.; si, dans un ménage de cinq ou six personnes, la consommation journalière de pain représente vingt, trente ou quarante centimes de plus, on y regardera et la ménagère saura bien avertir le père ou les enfants que les miettes ont de la valeur et que les croûtes sont précieuses.

Jacques Bonhomme. — Alors c'est là, monsieur, tout ce que vous avez à nous faire espérer et tout ce que le Gouvernement peut faire pour nous ?

— Oui et non. Le Gouvernement ne peut pas, sans arbitraire et sans faire plus de mal que de bien, en s'exposant à ruiner la boulangerie, se mêler de la fabrication du pain et de la fixation des prix. Mais il y a quelque chose qu'il peut faire, ou plutôt s'abstenir de faire. Il peut cesser de mettre, par des droits de douane qui empêchent le blé d'arriver librement sur le marché et par des règlements qui gênent la fabrication, obstacle à la circulation et à la préparation de cet aliment, qui est, comme on l'a dit, par excellence le charbon de la machine humaine.

« Il ne suffit pas, » déclarait officiellement, au nom du Gouvernement, en 1884, un ministre de l'agriculture, « que le pain soit abondant ; il faut encore qu'il ne soit pas trop cher. » Et c'est pour cela, continuait ce ministre, que le Gouvernement ne saurait consentir à mettre des droits de douane sur le blé. Le même ministre, l'année suivante, a fait voter, pour empêcher le blé, c'est-à-dire le pain, d'être abondant et à bon marché, un droit de trois francs, porté ensuite à cinq et à sept, par cent kilog. de blé introduit en France, et, finalement, de douze francs par cent kilog., ou de douze centimes par kilog. sur le pain.

Demande, Jacques Bonhomme, mon ami, que l'on supprime ce droit et que l'on cesse, pour employer le langage d'un boucher Belge, de croiser les baïonnettes contre l'aliment pain ou viande; ou, si tu ne le demandes pas, ne te plains pas de payer ta nourriture plus cher que tes frères de Belgique ou d'Angleterre.

Il a été dit : « Tu ne muselleras pas la bouche du bœuf qui foule ton grain. » Il paraît qu'il en est autrement de la bouche de l'homme, qui conduit le bœuf et ouvre le sillon pour faire pousser le grain.

Spéculation.

◊ ◊ ◊

ENCORE un mot qui suffit à perdre un homme. « C'est un spéculateur; il a gagné sa fortune en spéculant sur les terrains, ou sur les grains, ou sur les vins ou les huiles; » dites cela du plus honnête commerçant du monde, et, pour beaucoup de gens, surtout pour ceux qui, louant de leur mieux leurs immeubles ou vendant le plus cher possible leurs bois ou leurs foins, s'imaginent ne pas faire de commerce, voilà un homme perdu : c'est un forban, un Juif, puisqu'il paraît qu'il n'y a que les Juifs qui aiment mieux gagner que de perdre.

Que fait-il cependant, cet homme, et que faisons-nous tous, à toute heure? Il cherche à prévoir, pour un genre d'objets, de produits ou de services, quelles sont les probabilités de hausse ou de baisse, ce dont le public acheteur aura besoin et dans quelles dispositions sera le public vendeur. Il achète, quand il croit, d'après ses informations ou son instinct, que la marchandise sera, demain ou plus tard, plus demandée, et il vend quand, à tort ou à raison, ses prévisions sont contraires. Il sait, grâce à ses correspondants, que la récolte s'annonce excellente en Amérique, en Roumanie ou dans l'Inde ; il se hâte de passer des marchés et se met en mesure, s'il a bien prévu, de satisfaire à la demande de l'Europe, dans trois mois ou dans six mois, et de rendre service aux Anglais, aux Français, aux Hollandais, qui, sans cet apport des régions lointaines, auraient souffert de la disette ou des hauts prix. Il est récompensé du service qu'il rend, comme, s'il s'est trompé ou s'il a eu l'intention d'abuser de ses ressources, il est puni par la perte ou la ruine.

Un autre, observateur habile ou inventeur ingénieux, reconnaît les qualités jusqu'alors ignorées d'une substance, imagine d'utiliser un textile, trouve un alliage doué de qualités supérieures; il les fait connaître et réussit. Il a doté ses semblables de ressources nouvelles. Il a pour cela pris de la peine, fait des dépenses, risqué l'insuccès. Lui enviera-t-on le bénéfice qu'il en tire? Un troisième (je pourrais multiplier à l'infini ces exemples) se persuade, en étudiant le mouvement de la population, en observant les déplacements et les insuffisances de la circulation, que de nouvelles voies seront, tôt ou tard, forcément ouvertes, dans telle direction ; que de nouveaux centres industriels ou commerciaux se créeront et que des terrains aujourd'hui sans valeur, comme ceux que j'ai connus déserts de l'ancienne plaine Monceau, seront recherchés. Il y engage ses capitaux, et, en vue de la plus-value qu'il escompte, les y laisse pendant dix ou vingt ans dormir oisifs. La hausse prévue se réalise, et ses capitaux sont triplés. A-t-il nui à personne ? Et n'est-il pas juste qu'il soit récompensé d'avoir bien calculé et d'avoir su attendre ?

Un exemple entre mille que l'on pourrait citer. Un groupe de Saint-Simoniens, les Pereire et les ingénieurs Flachat et Clapeyron, avaient, au milieu des moqueries des gens sérieux, construit ce chemin de fer de Saint-Germain, ou plus exactement du Pecq (puisqu'il ne gravissait pas encore la côte), dont M. Thiers disait que ce ne serait jamais qu'un joujou bon à amuser les Parisiens qui allaient se promener le dimanche. Ils s'en étaient réservé à eux-mêmes, dans leur confiance, le plus d'actions possible ; mais ils n'avaient pu faire seuls tous les frais, et ils en avaient fait souscrire dans leur entourage. Parmi ces souscripteurs (je cite ceux-ci parce que le fait est à ma connaissance personnelle) se trouvaient MM. Davilliers, banquiers à Paris, qui se plaignaient de ne pas voir leurs actions monter aussi vite qu'ils l'avaient espéré. « Vos actions vaudront un jour six mille francs », leur dit Émile Pereire ; « et ce jour-là je serai preneur. »

Un an ou deux se passent, et, un matin, le secrétaire de Pereire arrive chez les Davilliers. « M. Pereire, » dit-il « a écrit, tel jour, sur son carnet, que les actions de Saint-Germain vaudraient six mille francs, et que ce jour-là il serait prêt à les racheter. Elles ont fait six mille francs, hier, à la Bourse. Je viens voir si vous en avez à vendre. » Ces messieurs, malheureusement, n'en avaient plus.

Était-ce un hasard, un coup d'audace plus heureux qu'il ne le méritait ? Non. C'était la juste récompense d'une prévision intelligente. Les créateurs de cette première ligne, en la construisant, avaient eu foi dans l'avenir de ce moyen nouveau de transport, qu'ils étaient presque seuls à prendre au sérieux, et, pendant qu'un autre Saint-Simonien, Michel Chevalier, traçait par avance la carte du grand réseau français, tel qu'il a fallu le faire dans la suite, ils avaient compris que cette gare Saint-Lazare, alors sans importance, et ce tronçon dont on se moquait seraient la tête de ligne nécessaire de tous les chemins de l'ouest et du nord-ouest. La chose n'était pas sans mérite si l'on

songé que, plusieurs années plus tard, quand on construisit le
chemin de fer d'Orléans, le rapporteur, M. Dufaure, sollicité de
recommander un prolongement vers Nantes, pour le transport
des bœufs sur Paris, répondit en riant : « Oh ! des bœufs en
chemin de fer? Vous ne me ferez pas avaler celle-là ! »

Je tiens le mot d'un ingénieur, membre de la Commission à
laquelle il fut répondu. Et M. Dufaure est l'homme qui a le
plus contribué aux premiers développements de notre réseau !

Je donne ces exemples, encore une fois, parce qu'ils sont de
nature à frapper l'attention. Mais ils n'ont rien, au fond,
d'exceptionnel, et c'est, en petit ou en grand, la pratique quo-
tidienne et universelle. Le cultivateur qui ensemence de telle
ou telle façon, parce qu'il suppose qu'il répondra mieux aux
besoins du public ; le marchand des quatre saisons qui refuse
à la halle certains fruits ou légumes et en préfère certains
autres ; le fabricant d'articles de Paris qui prépare une nouveauté sur laquelle il compte pour le jour de l'an, sont tous
logés à la même enseigne : ils prévoient ou essayent de prévoir ; ils spéculent. Ce qui est juste, utile et bienfaisant de leur
part peut-il être condamnable et malfaisant de la part d'un autre?
Et n'est-il pas d'intérêt général que chacun soit libre, à la condition de ne tromper personne, de comprendre comme il peut
son intérêt personnel ; récompensé quand il a bien jugé, puni
dans le cas contraire?

Et c'est là la distinction que l'on ne fait pas et qu'il faut
faire.

Il y a des spéculateurs honnêtes et des spéculateurs malhonnêtes. Il y a des gens qui, pour entreprendre une opération
dont ils espèrent profit, n'engagent que leurs ressources ou les
ressources qui leur sont confiées, en pleine connaissance de
cause, par des prêteurs ou des associés décidés à courir les
risques en vue du partage éventuel des profits. Et il y en a
qui, par des assertions mensongères, par des prospectus de
fantaisie, habiles, et fort habiles parfois, par des rapports frau-
duleux d'experts ou de chimistes, par la présentation de prétendus échantillons de mines d'or, de cuivre ou de diamant,
subtilisent plus ou moins largement l'argent de leurs dupes,
comme cet effronté à qui l'on demandait l'analyse du minerai
qu'il avait envoyé comme spécimen, et qui répondait : « Retour-
nez-moi l'échantillon. Il n'y en a pas d'autre. » Ceux-là sont
des spéculateurs si l'on veut; mais ce sont aussi des voleurs
et des faussaires. Ils seraient moins nombreux si la justice, sans
doute, les poursuivait plus sévèrement et si les « gogos »,

comme on les appelle, ne se montraient pas, en dépit de toutes leurs mésaventures, toujours prêts à les écouter.

Et la Bourse? dit-on. Et toutes les fortunes scandaleuses ou les ruines déplorables qui s'y réalisent?

La Bourse est un marché dans lequel on trouve à vendre et à acheter des valeurs de toutes natures : de la rente sur l'Etat ou sur les Etats étrangers, des titres d'emprunts municipaux, des actions de chemins de fer, de sociétés industrielles ou financières, comme sur d'autres marchés on achète du café, du sucre, du cacao et du caoutchouc ; vente ou achat libre, au risque et péril des vendeurs et des acheteurs En elles-mêmes, ces opérations n'ont rien de répréhensible. Chacun cherche tout simplement à placer le moins mal possible l'argent dont il dispose.

Bon, répliquerez-vous, pour les achats au comptant ; mais les achats à terme, le jeu?

Le jeu, c'est une imprudence, la plupart du temps, sinon toujours, quand on s'y livre avec ses capitaux. On la paie, le plus souvent, très cher, surtout quand on a eu le malheur d'y réussir. « Si j'avais un ennemi mortel, » disait le banquier Jacques Laffitte, « ce que je pourrais lui souhaiter de pis, ce serait de gagner à la Bourse, car il continuerait à jouer et, fatalement, il viendrait un jour où il serait ruiné. » C'est la sanction naturelle et presque inévitable de la spéculation imprudente et malhonnête. C'est plus qu'une imprudence, c'est un acte coupable quand on s'expose à y dépasser la limite de ses ressources ; la ruine ou le déshonneur en sont la sanction naturelle. Et cette sanction naturelle le législateur a eu le plus grand tort d'en affaiblir le frein en admettant ce qu'on appelle « l'exception de jeu ou de pari ». L'honnête homme, quand il a perdu, considère son honneur comme engagé et s'exécute. Le malhonnête homme allègue que c'était du jeu ou du pari, ne paie pas et recommence.

Concluons. Chacun, ici-bas, cherche son intérêt et tâche de mettre de son côté les meilleures chances. S'il ne compte, pour y réussir, que sur son intelligence, sur sa connaissance des affaires et sur sa bonne réputation, non seulement il n'est point répréhensible, mais il est utile et digne d'estime. S'il poursuit la chance aveuglément et en s'abandonnant au hasard ; s'il recourt, comme celui qui se sert de cartes biseautées, de dés pipés ou de faux renseignements, au mensonge, au dol, au crime quelquefois, il mérite toutes les sévérités de l'opinion et toutes les répressions de la loi. Partout, toujours, le verdict est le même : liberté pleine et entière pour l'activité intelligente et honnête; condamnation sans pitié de la fraude et de la violence.

> IL FAUT BIEN RECONNAITRE QUE LA VÉRI-
> TABLE SOLUTION, TANT CHERCHÉE, DU ✝
> PROBLÈME SOCIAL EST RENFERMÉE DANS
> CES SIMPLES MOTS : « LA LOI, C'EST LA
> JUSTICE ORGANISÉE ». ✝ ✝ ✝ ✝ ✝ ✝
>   **BASTIAT.**

Socialisme.

ο ο ο

L E mot est nouveau ; il ne date guère, comme usage courant au moins, que du second tiers du xixᵉ siècle, et c'est
à Louis Reybaud, auteur d'études sur les *Réformateurs
sociaux*, que l'on en attribue, en général, la paternité.
La chose est vieille comme le monde. Platon, dans ses deux
ouvrages *La République*, et *Les Lois*, n'a pas laissé grand'chose
à ajouter à ses successeurs en fait de pétrissage de la pâte
humaine. L'on n'a jamais exposé en plus belle langue les avantages de la communauté des biens et des femmes, et plus savam-
ment réduit le bonheur de l'espèce humaine à celui d'un troupeau, sous la houlette de fer d'un maître, nourri, logé, marié,
comme on marie l'étalon et la jument ; conduit au travail, à
l'étable et au pâturage, par des bergers infaillibles, dispensé
même, par une prévoyance touchante, du souci de la famille,
et ne gardant, de la naturelle distinction des sexes, que ce qui
est indispensable pour assurer, sous l'œil vigilant de l'Etat, la
continuation de l'espèce.

Les Chrétiens, au début, dominés par la préoccupation et
l'attente de la prochaine fin du monde, auraient été, selon beaucoup, une société étrangère aux lois et aux distinctions ordi-
naires, ne reconnaissant ni propriété personnelle, ni différences
de rangs et d'autorité ; et toute une succession de prophètes
civils, ou religieux, les Campanella, les Thomas Morus, les
Anabaptistes, les Babeuf et les Buonarotti, sans parler des Ma-
rat et des Saint-Just, ont précédé les Saint-Simon, les Fourier,
les Cabet et les Proudhon. Rêveurs étranges, tantôt violents et
tantôt doux, mêlant aux intentions les plus généreuses et aux
plus justes révoltes contre de réelles iniquités, de monstrueuses

---

Voir ma brochure *Communauté et Communisme* ; et ma conférence:
L'Ecole de la Liberté.

ignorances et d'inexcusables colères contre les lois fondamen-
tales de la société ; et compromettant, par l'exagération, ce
qu'il y avait de plausible dans leurs critiques et leurs aspirations.

Mais c'est vers le milieu du xıx⁰ siècle, après la Révolution
de 1848, que les prédications dites sociales ont pris une importance qui n'a pas cessé de s'accroître depuis, et se sont impo-
sées à l'attention des penseurs et des Gouvernements. A cette
époque, malgré la diversité des écoles, elles avaient un sens
général bien apparent et un caractère commun, sous des formes
diverses. Avec des programmes qui se prétendaient souvent
contradictoires et hostiles, elles tendaient toutes plus ou moins
à renverser l'ordre établi. Quand on parlait de la *République
sociale*, ou de la *Sociale*, on entendait bien renouveler de fond
en comble, par une révolution violente, l'état de la société.

Aujourd'hui, il y a encore, assurément, des partisans de la
violence, peut-être y en a-t-il davantage ou de plus déterminés ;
mais le mot de *socialisme*, en servant de réclame à un plus
grand nombre de politiciens, a perdu tout sens exact et précis ;
et se qualifient indistinctement de socialistes tous ceux qui, à
un titre quelconque, ont la prétention de s'occuper d'améliora-
tions sociales. Le trait commun qui les réunit, c'est la foi à
l'intervention de l'Etat, dans le domaine des intérêts privés,
et l'incessant appel à des règlements et à des mesures administratives pour imposer aux citoyens, bon gré mal gré, un
modèle officiel de pensée, de croyance ou d'incroyance, de travail et de vie. C'est la superstition de l'infaillibilité de l'Etat,
confisquant à son profit, et pour leur prétendu bonheur, l'initiative des individus. Mais l'Etat, comme je l'ai dit, un peu
irrévérencieusement quelquefois, c'est un monsieur, ministre
ou chef de bureau, qui sera remplacé, demain ou après-demain,
par un autre monsieur voyant les choses tout autrement, mais
pareillement convaincu de sa supériorité. Je me serais bien
mal expliqué, dans les différents chapitres de ce volume, si
l'on n'avait depuis longtemps compris que ce que je considère
avant tout comme erroné, dangereux, et, pour dire le mot, anti-
social, c'est précisément cette commune confiance dans le rôle
providentiel de l'Etat. C'est cette substitution d'une direction extérieure, et supposée supérieure, à l'initiative individuelle et à
la responsabilité personnelle. C'est la foi à l'Etat-Providence,
supprimant, affaiblissant du moins, et déviant souvent, la foi
à la liberté et à l'expérience, chargée tout ensemble de nous
éclairer et de nous stimuler. La liberté, c'est le tout de l'homme ;

l'autorité (qu'on lui oppose souvent, et au nom de laquelle les uns prétendent l'annuler, et les autres, croyant la servir, vont jusqu'à nier toute règle et toute puissance publique) l'autorité, dis-je, c'est la garantie de la liberté, le bouclier du droit, la force commune chargée de réprimer les atteintes à l'exercice des libertés individuelles.

Je n'ai pas besoin d'ajouter que je ne me proclame pas socialiste, ni dans le sens de 1848, ni dans le sens, vague et indéfini, mais interventionniste, d'aujourd'hui. Je tiens à dire toutefois que si, dans les colères déchaînées par ceux qui se croient par excellence des conservateurs de l'ordre social (comme s'il pouvait y avoir conservation sans vie, c'est-à-dire sans mouvement), aussi bien que dans les fureurs de ceux qui veulent tout changer, et même détruire, il y a une grande part d'erreur, d'exagération et d'injustice; on ne saurait nier, quand on est de bonne foi, que, parmi les reproches adressés à l'état actuel de nos sociétés, de nos habitudes, de nos préventions et de nos préjugés, il n'y ait une part de vérité; on ne saurait nier que, sous ces attaques souvent injustes, et derrière ces programmes irréalisables et dangereux, il n'y ait un fond d'aspirations sincères, bien que mal définies, vers un idéal de justice, de paix et de fraternité. Au lieu de répondre à la colère par la colère, à la haine par la haine, aux prétentions excessives et injustes par la condamnation en bloc de toute réclamation et de toute ambition, on ferait mieux de chercher, dans une discussion loyale, à dégager la vérité de l'erreur, les sentiments avouables des emportements inavouables, et à faire, en même temps que la critique consciencieuse des doctrines des autres, la révision de ses propres erreurs et de ses propres préjugés. Peut-être arriverait-on ainsi à constater, de part et d'autre, que l'on se méconnaît, et à travailler ensemble pour le bien commun, au lieu de travailler les uns contre les autres, pour le mal de tous.

Un apologue, que j'ai quelque lieu de croire véritable, et que je tiens d'un des meilleurs amis et serviteurs de l'humanité que j'aie connus, en dira plus sur ce sujet que tous les raisonnements du monde. Le voici :

C'était en novembre, dans un pays de montagnes, où l'on conserve le souvenir de prétendus géants qui auraient autrefois infesté la contrée. Le brouillard du matin obscurcissait l'atmosphère, et le soleil ne l'avait pas encore percée. Un brave campagnard, désireux d'aller voir son frère à quelque distance de chez lui, s'était mis en route, armé, pour plus de sûreté, d'un solide bâton. A un détour, au milieu de la brume, il aperçoit tout à coup devant lui un être étrange, de grande taille et d'apparence menaçante. Il n'y avait pas à reculer. Il se met en défense et marche résolument vers le monstre, lequel, de son côté, semble prêt à l'attaque. Cependant, à mesure que notre paysan s'en approche, l'ennemi lui paraît moins effrayant. « On dirait presque que c'est un homme, même un homme du pays ». Et voici qu'un coup de vent ayant déchiré le brouillard, et le soleil se montrant, il reconnaît que c'est son frère, son propre frère, qui, poussé du même dessein, s'était mis en route, lui aussi, pour le voir.

Je n'ajoute rien.

> LE PIED N'EST PAS L'ŒIL ; ET L'ŒIL N'EST PAS LE PIED ; MAIS TOUS DEUX SONT DU CORPS. ✝ ✝ ✝ ✝ ✝ ✝ ✝ ✝ ✝ ✝
>
> SAINT PAUL.

Solidarité.

o o o

ON parle beaucoup, aujourd'hui, de solidarité, et l'on n'a pas tort. Mais on se trompe peut-être quand on s'imagine avoir annoncé au monde une vérité nouvelle en lui rappelant que nous ne sommes pas indépendants les uns des autres, et que l'intérêt, comme le devoir, nous commande l'union, la justice et la bienveillance. Nos pères de 1789 avaient inscrit la Fraternité dans leur devise, et longtemps avant eux elle avait été proclamée par la philosophie et par la religion. Nous sommes les membres d'un grand corps : *Membra sumus corporis magni*, avait dit le païen Sénèque, et saint Paul, dans ce qu'on pourrait appeler ses mandements, avait écrit : « Le pied n'est pas l'œil, et l'œil n'est pas le pied ; mais tous deux sont du corps, et ce qui nuit à l'un nuit à l'autre. Vous êtes tous frères » Le même saint Paul, à une autre page, nous avait rappelé non moins énergiquement notre dépendance mutuelle et notre dette à l'égard de nos semblables, connus ou inconnus. « Qu'as-tu, que tu n'aies reçu ? » Qu'as-tu, en d'autres termes, dont tu ne doives compte ?

C'est l'idée dont se sont inspirés les chefs contemporains de l'école solidariste, et en particulier le plus populaire et le plus distingué de tous, M. Léon Bourgeois, qui l'a exagérée et (qu'il me permette de le dire respectueusement) défigurée, en prétendant faire d'une obligation morale qui s'impose à notre conscience une prescription civile, formulée en créances légales sur chacun de nous [1]. La société, nous dit-il, par les idées, les connaissances, les ressources qu'elle a mises à votre disposition, par la protection qu'elle vous a assurée, a participé à vos travaux, et vous lui devez une part très considérable de vos succès. Elle est fondée à vous considérer comme son débiteur et à vous présenter sa créance. Elle le fera, entre autres, en prélevant, à votre mort, sur l'actif qu'elle vous permet de laisser à vos successeurs, une quote-part représentative de l'assistance qu'elle vous a fournie; et vos héritiers seraient mal venus à s'en plaindre, car ce qui leur restera, après ce prélèvement, sera encore, pour eux, tout bénéfice.

Je remarque d'abord, ou je rappelle, que les héritiers, dans beaucoup de cas, ont été plus ou moins les artisans de la fortune de leurs auteurs, et que, lorsqu'ils n'y ont pas travaillé effectivement, c'est pour eux et à cause d'eux qu'avaient travaillé leurs ascendants; en sorte que, frustrer ceux-ci de la satisfaction de transmettre à qui bon leur semble le fruit de leurs sueurs et de leurs privations, c'est les atteindre eux-mêmes et les décourager dans leur laborieuse carrière. D'où un préjudice pour la société, qui, en déshéritant ses membres individuellement, se déshérite elle-même. Car, s'il est vrai que chacun de nous, dans ce qu'il est et ce qu'il peut, doit beaucoup à la société, c'est-à-dire à l'ensemble des contemporains et de ses prédécesseurs, jusqu'aux plus anciens, aux plus ignorés, et aux plus humbles, il n'est pas moins vrai que tout ce que la société est, sait, peut et possède, elle le doit à ses membres. S'il y a dette et créance, donc, elle est réciproque. Et qui sera capable d'en faire le compte? Qui osera dire à un Jacquart, à un James Watt, à un Stephenson, à un Fulton, à un Pasteur ou à un Berthelot, quand bien même il aurait de ses découvertes ou de ses inventions tiré des profits immenses, qu'il est débiteur de son siècle et de son pays, et qu'il lui faut rendre gorge en la personne de ses enfants?

---

[1]. Voir *Solidarité du Capital et du Travail*; conférence à la société protestante du Travail. Guillaumin-Alcan; et la discussion à l'Académie des sciences morales sur la *Solidarité*.

Ne vaut-il pas mieux, vraiment, en respectant les intentions des uns et des autres, laisser la part de la société et de ses membres se régler d'elle-même, par le libre jeu des transactions? Stephenson, enrichi par ses grandes inventions, laisse à son fils Robert, devenu le plus grand ingénieur de l'Angleterre, une fortune dont il lui a montré à faire un noble emploi ; c'est tant mieux pour ce fils. Mais l'Angleterre, l'Europe et le monde, à perpétuité, jouissent et jouiront des inventions de son père, et, comme l'avait annoncé celui-ci, en appelant la voie ferrée « le grand chemin des peuples et des rois », il n'est pas un ouvrier qui, en prenant le train pour se rendre à son travail au lieu d'y aller péniblement à pied, ne fasse une économie de peine et, souvent, d'argent.

Est-il vrai d'ailleurs que, pour les services qu'ils reçoivent de la société, ses membres n'aient rien payé et lui restent indéfiniment redevables? S'ils vivent par elle, en partie au moins, n'est-ce pas par eux, et par eux seuls, qu'elle vit, et pourrait-elle subsister sans leur contribution (le mot est expressif) à son existence? Ce n'est pas exagérer que de dire que cette contribution, de nature ou d'autre, dans le cours d'une vie moyenne, représente plusieurs fois la totalité de la fortune possédée à la fin de cette vie.

Il est trop facile enfin de prendre son parti des charges supportées par les héritiers, voire de l'expropriation partielle dont on les menace, sous prétexte de reprise. N'y eut-il, sans parler du retranchement de capital, que la nécessité d'acquitter, dans un délai de quelques mois, des frais et des droits de succession, pour lesquels on manque de ressources, c'est souvent la gêne, la ruine même.

On n'a pas, même quand on est à l'aise, la somme, toujours relativement grosse, qu'il s'agit de débourser, le dixième du capital reçu ou davantage. Ce qu'on reçoit est en terres, en maisons, en parts d'une usine ou d'un commerce, toutes choses qui ne se réalisent pas sans pertes considérables, ou ne se réalisent pas du tout. Il faut ou vendre dans les pires conditions, ou emprunter à un taux exorbitant, et c'est la ruine. Un exemple, qui montre bien les inconvénients de ces charges inattendues qui grèvent les successions et écrasent les héritiers. Ce sont les articles 829 et suivants, relatifs au rapport, qui sont ici en cause.

Un homme riche, ou d'une belle fortune au moins, marie sa fille, et, pour la bien marier, lui donne une dot relativement élevée. Son gendre, industriel ou négociant, met la dot dans ses

affaires, augmente son usine ou agrandit ses magasins et se
charge d'un loyer plus lourd. Le père meurt; il faut rapporter
à la succession; mais on est à une époque de crise (c'était,
dans le cas auquel je pense, au lendemain de la Révolution
de 1848). Le malheureux est exproprié, et le beau-père, pour
avoir voulu faire faire à sa fille un mariage avantageux, se
trouve l'avoir ruinée. Telles sont, hélas! les répercussions im-
prévues des événements, et les désastres que, par leurs contre-
coups, peuvent entraîner des charges jugées à tort insignifiantes
ou légères.

La société, en somme, n'est pas, comme le prétendait le Roi
au nom de ce qu'il appelait son « domaine éminent » ou son
« droit régalien », propriétaire ou copropriétaire de la fortune
des citoyens. Elle n'a à prétendre sur cette fortune qu'au remboursement de ses frais de protection des personnes et des
biens. Elle peut, quand cela est nécessaire, lever sur les revenus des taxes calculées au plus bas prix et perçues avec le
moins de gênes possibles. Elle n'a aucun titre à s'attribuer, sur
ce fruit des activités individuelles, une part, qui serait bientôt,
par un trop facile entraînement, la part du lion, et qui, en dé-
courageant le travail et en entamant le capital, tarirait, avec la
prospérité publique, la source de ses revenus. Qu'elle se sou-
vienne de la poule aux œufs d'or !

L'INÉGALITÉ ÉGALISE ; LA CHERTÉ GRATIFIE
ET LA PROPRIÉTÉ COMMUNALISE. ✝ ✝ ✝

Égalité.

❦ ❦

TOUS les hommes sont égaux, tous sont faits de la même
pâte et bâtis de la même façon ; tous devraient être
traités de même et avoir même part aux biens de ce
monde, même fortune, même logement, même cuisine
et le reste.

Egaux ? Où avez-vous vu cela, s'il vous plaît? Je suis grand,
mon voisin est petit; je suis fort et adroit, il est maladroit et
faible. Un autre a, comme on dit, bon pied bon œil, son voisin
est sourd, ou myope, aveugle même, et un troisième est boi-
teux, pied-bot ou bossu. Tel a bon estomac, et tel autre souffre

perpétuellement de crampes ou de coliques. De même au point de vue moral : celui-ci garde ses vieux parents jusque dans l'extrême vieillesse et voit ses enfants élever les leurs sans maladies et sans désordres ; celui-là passe sa vie dans le deuil et dans les larmes, perdant tour à tour tout ce qu'il aime ou, malgré ses soins, trompé dans ce qu'il attendait de sa famille et de ses amis. Partout l'inégalité nous entourant du dehors, et l'inégalité venant de nous-mêmes. Ici, le zèle, l'activité, l'attention scrupuleuse sur ses devoirs et ses intérêts ; là, la négligence, l'insouciance, le gaspillage, la paresse et l'inconduite. Comment, avec l'inégalité ainsi partout, en nous et autour de nous, prétendre à un sort égal et à une même part des biens et des maux de ce monde ?

Il n'y a et il ne peut y avoir qu'une seule sorte d'égalité ; c'est l'égalité de droit. Nous sommes, soit par le fait des circonstances, soit par notre fait, dans des conditions différentes, et nous ne pouvons, en conséquence, prétendre à être traités de même ; mais, dans ces conditions différentes, nous devons être également respectés, et nul, ni par la force, ni par la ruse, encore moins par la loi, n'est fondé à nous dépouiller, à nous opprimer, à nous gêner à son profit. Tels nous sommes ou tels nous nous sommes faits, tels la société est tenue de nous respecter et de nous faire respecter. Et si, par une naissance plus heureuse, par une éducation meilleure, par un meilleur emploi de notre temps et de nos forces, nous sommes arrivés à devenir plus forts, plus heureux, plus riches, et que, sans nuire à personne, nous nous soyons fait une place plus grande ici-bas, loin de nous envier et de nous traiter de vampires et de privilégiés, ceux qui nous entourent et qui se trouvent moins bien partagés doivent nous savoir gré, au contraire, d'avoir réussi dans nos entreprises ; car c'est du produit du travail de chacun que se forme la richesse commune, des découvertes des savants que se fait peu à peu l'instruction générale, par les succès des agriculteurs et des industriels que s'accroît le fonds commun des subsistances et des marchandises. Et ce sont, en toutes choses, dans la marche pacifique du progrès matériel et moral, comme dans la marche douloureuse des expéditions guerrières, les chefs de file qui entraînent la colonne. Si tous étaient traités de même, s'il n'y avait aucun avantage à mieux voir, à mieux travailler, à mieux épargner et à mieux utiliser ses épargnes, nul ne se donnerait la peine de chercher à surpasser son voisin, et tout croupirait dans l'immobilité et l'inertie.

L'inégalité, en réalité, l'inégalité de fait, conséquence et consécration de l'égalité de droit, est l'agent indispensable, le moteur et le régulateur du progrès, et, par le progrès, qui dispense à tous, à mesure qu'il s'accentue, une part plus grande des résultats obtenus, elle tend à se diminuer. L'inégalité égalise, la rareté multiplie, ou, comme dit le proverbe, cherté foisonne, et la propriété communalise.

UN GOUVERNEMENT FAIT ASSEZ DE BIEN QUAND IL NE FAIT PAS DE MAL ET SE ✝ ✝ BORNE A EMPÊCHER D'EN FAIRE. ✝ ✝ ✝

Si j'étais le Gouvernement.

◊ ◊ ◊

LE PHILOSOPHE. — Si j'étais le Gouvernement, je ferais, je ferais.... Je crois que je ferais comme tous les Gouvernements passés, présents et futurs et comme tous ceux qui voudraient être à leur place pour faire autrement et mieux qu'eux.... Je ferais des bêtises. Car enfin j'aurais la prétention d'en savoir, sur les besoins et les intérêts des gouvernés, plus qu'eux-mêmes et de leur prescrire, par de beaux règlements et de sages ordonnances, ce qu'ils devraient faire et ne pas faire, comment il leur conviendrait de se loger, vêtir et nourrir, de quelle façon exécuter leurs travaux, combien d'heures consacrer au sommeil, combien au repos. J'instituerais à leur intention des commissions d'hygiène, des écoles des beaux-arts, de musique et de danse, où on leur enseignerait à avoir du génie, de la grâce et du goût ; et je leur démontrerais, en leur prenant leur argent pour leur faire admirer des jockeys et des danseuses, que le suprême mérite d'un peuple est d'avoir des chevaux qui ne sont bons qu'à courir quelques minutes jusqu'à extinction de souffle, et des danseuses dont les pirouettes apprennent aux banquiers à lever le pied. Mais par-dessus tout j'aurais soin de préserver mes administrés du danger de payer trop peu leur pain, leur viande, leurs étoffes et leurs outils en laissant entrer chez eux, en retour des produits de l'industrie nationale, les produits empoisonnés de l'industrie étrangère et d'une agriculture rivale.

M. Rond-de-cuir. — Vous voilà bien, monsieur le philosophe

avec vos beaux systèmes de liberté et de concurrence! Mais
l'Administration pourtant, en tout pays, en sait plus long que
les administrés, et si on laissait les gens se conduire à leur fantaisie, Dieu sait comment ils se conduiraient!

Le Philosophe. — S'ils faisaient des fautes, ce seraient eux du
moins qui en pâtiraient, et non leurs voisins, qui n'y seraient
pour rien, et, à leurs dépens, peut-être apprendraient-ils à
n'en plus tant faire ou à ne pas refaire toujours les mêmes.
Tandis que vous, messieurs de l'Administration et du Gouvernement, vous les faites, et c'est nous qui les payons. Vous
édictez des mesures dites d'intérêt général qui blessent tous
les intérêts particuliers. Vous mettez les estomacs, dans leur
variété, à la ration commune; vous vous faites les arbitres
des goûts et des couleurs; vous imaginez un homme-type qui
ne répond en rien à la diversité infinie des hommes réels, et
vous nous fabriquez un monde de fantaisie. Lisez un peu, je
vous prie, le *Second Voyage autour de ma Chambre*, de Xavier
de Maistre, et tâchez d'en faire votre profit !

M. Rond-de-cuir. — Bah ! un roman !

Le Philosophe. — Oui, un roman, mais un roman qui en dit
plus long en quelques pages, et en pages pleines d'esprit autant
que de sens, que tous vos règlements et toutes vos circulaires.

M. Rond-de-cuir. — Je serais curieux de voir cela.

Le Philosophe. — Eh bien, lisez, ou écoutez. L'auteur est
chez lui, un soir d'été, dans sa modeste chambre, qui, je crois
bien, est une mansarde. Il ouvre sa fenêtre pour respirer, et,
levant les yeux vers le ciel étincelant de ses mille feux, il
reste ébloui. « Quel spectacle ! s'écrie-t-il, et comment les
hommes, qui pourraient si aisément en jouir, et gratis, y restent-
ils indifférents ? Si j'étais Gouvernement, je mettrais bon ordre
à ce dédain irrévérencieux des merveilles de la création. »
« Et que feriez-vous ? », murmure à son oreille une petite voix,
dans laquelle il reconnaît sa conseillère intime, pas toujours
assez écoutée, la Raison. — « Je rendrais immédiatement
une ordonnance par laquelle il serait prescrit à tous mes sujets
en âge d'être debout à neuf heures du soir d'ouvrir leurs fenêtres
ou leurs portes, de se mettre au balcon, s'ils en ont, ou de se
promener dans les espaces découverts, pour contempler un
spectacle plus beau mille fois que tous ceux après lesquels ils
courent sottement tous les jours. » — « Pardon », reprend
doucement la Raison. « Les intentions de Votre Majesté sont
admirables : mais ne ferait-Elle pas une exception pour les
gens malades ? » — « Naturellement. Cela va de soi. » — « Et

les soirs de pluie, de brouillard ou autres où la voûte étoilée
sera absolument cachée aux regards? » — « C'est juste! Mes
astronomes seront chargés de déterminer chaque jour si l'état
de l'atmosphère permet à mes sujets de percevoir les rayons
lumineux des mondes lointains. » — « Je n'attendais pas moins
de votre sagesse, » continue la voix; « mais il y a des nuits
splendides par lesquelles il fait bien froid. Vos sujets seront-
ils obligés de s'exposer aux rhumes et aux fluxions de poitrine?... » — « Je ne suis pas barbare. Mon académie de
médecine appréciera si la température est assez basse ou le
vent assez aigre pour motiver une abstention générale ; et mes
crieurs avertiront à temps la population. » — « Et les amou-
reux, sire; et les étudiants qui ont un examen à préparer ;
et les aveugles, qui sont plus qu'ils ne voudraient indifférents
à toutes les beautés de la nature? » — « Assez ! assez ! » finit-
il par conclure. Je vois qu'il y a tant d'exceptions que le mieux
est de supprimer la règle, et de laisser les gens jouir quand et
comme ils l'entendront du plaisir que je voulais leur assurer,
et dont je risquerais de faire pour eux un supplice. Décidément
si j'étais Gouvernement, ce que j'aurais de mieux à faire ce
serait de ne rien faire, heureux si je pouvais tout au moins
assurer à mes administrés la liberté et la sécurité. »

Voilà, mon cher monsieur Rond-de-Cuir, l'aimable et importante leçon que se hasardait à risquer le frère du terrible
Joseph de Maistre. Cette politique bon enfant vaut bien, croyez-
le, la politique impérieuse de l'apologiste du bourreau et du
glorificateur de l'homicide collectif.

QUALITÉ PASSE QUANTITÉ. ✝ ✝ ✝ ✝ ✝

Le Nombre.

◊ ◊ ◊

IL ne faut pas faire fi du nombre. Le nombre par lui-même
est une force. Cent hommes peuvent, évidemment, ce que ne
peuvent pas cinquante ; ils peuvent même souvent plus du
double, parce qu'il y a des œuvres pour lesquelles un certain
degré de force ou une certaine diversité de travaux sont indispensables. Mais il n'y a pas que le nombre, il y a la valeur des
unités. La quantité n'est pas tout ; la qualité est davantage. Donc,

comme l'a dit Malthus, si étrangement méconnu, il faut désirer d'abord que les hommes soient honnêtes et heureux, et ensuite qu'ils soient nombreux.

Pour avoir des hommes honnêtes et moraux, il faut les éclairer sur leurs véritables intérêts, sur leurs droits et sur leurs devoirs. Il faut leur faire comprendre que le travail et l'économie sont les seuls instruments certains de leur prospérité et que l'on ne gagne rien, ni comme individus ni comme peuples, à jalouser ou à contrarier le développement d'autrui. La prospérité des autres est la condition de la nôtre. Un bon client est un client qui paie, et d'autant meilleur qu'il paie mieux. Il n'y a pas de procédés artificiels pour développer, pour restreindre ou pour régler le mouvement de la population ; naturellement il se proportionne aux moyens d'existence et à l'idée que l'on se fait du minimum nécessaire de la vie normale. En somme, tout se réduit à respecter la liberté et à améliorer les hommes.

UN ÉCRIVAIN CÉLÈBRE A DIT QUE, LORSQU'IL SONGEAIT AUX GUERRES ENTRETENUES, EN AFRIQUE, POUR FAIRE DES PRISONNIERS DESTINÉS ENSUITE A CULTIVER LA CANNE EN AMÉRIQUE..., IL POUVAIT A PEINE REGARDER UN MORCEAU DE SUCRE SANS SE LE REPRÉSENTER TACHÉ DE SANG HUMAIN. S'IL AVAIT AUSSI PENSÉ AU SANG DES BLANCS RÉPANDU PAR LES DIFFÉRENTES NATIONS QUI SE DISPUTENT LA POSSESSION DE CES ILES, IL AURAIT VU LE MORCEAU DE SUCRE NON PAS TACHÉ, MAIS ENTIÈREMENT IMBIBÉ DE SANG.

FRANKLIN.

Colonies.

◊ ◊ ◊

Il m'est arrivé, plus d'une fois, hélas ! soit comme publiciste, soit comme député, au temps où le suffrage universel m'avait donné le droit d'intervenir dans la direction des affaires publiques, de combattre la politique extérieure du Gouvernement et notamment sa politique dite coloniale. J'ai

Voir mes discours à la Chambre des députés, à propos du Tonkin et de Madagascar.

été, à ce sujet, dénoncé comme un adversaire de l'expansion de l'influence et de la puissance militaire et commerciale de mon pays. J'ai la prétention d'en être, au contraire, un partisan convaincu, et tout spécialement d'avoir mieux travaillé au développement du domaine colonial de la France que les grands avaleurs de territoires indigérables que j'ai combattus.

C'est qu'il y a, comme le disait le Médecin malgré lui de Molière, bûcheron de son métier, et capable de s'y connaître, fagots et fagots. Il y a de même (et les Turgot, les J.-B. Say, les Charles Comte, les Bastiat, les Cobden et les autres, qui s'y connaissaient, eux aussi, ont eu l'occasion de le dire) colonies et colonies. Il y a les colonies qui rapportent et les colonies qui coûtent; les colonies naturelles et les colonies artificielles, les colonies indépendantes et les colonies asservies, les colonies émancipatrices et les colonies oppressives. Ce sont les dernières, malheureusement, dont s'engouent les hommes d'Etat à courte vue, et dont se laisse séduire la foule irréfléchie, parce qu'elles représentent sur la carte une extension de territoire et un apparent agrandissement de puissance matérielle. Ce sont les secondes seules qu'approuvent et conseillent les patriotes éclairés, les philanthropes sincères et les politiques avisés.

Qu'est-ce, au fond, qu'une colonie, et comment l'idée est-elle venue aux hommes de quitter en plus ou moins grand nombre et d'une façon plus ou moins durable leur pays d'origine?

Tantôt ce sont des voyageurs isolés qui, par une raison ou une autre (curiosité, hasard, entraînement d'une course), vont s'établir dans un pays nouveau, et, s'y trouvant bien ou moins mal, y attirent des parents ou des amis; tantôt des commerçants, petits ou grands, colporteurs ou navigateurs, qui, en cherchant des marchés de vente ou d'achat, découvrent des terres nouvelles, y créent des relations, des comptoirs et finissent par y établir leur séjour ou y installer leurs représentants; tantôt, si, chez eux, la population se développe au point de rendre la vie difficile, des jeunes gens aventureux, des essaims, quittent, comme les abeilles, la ruche-mère pour aller former au loin une petite patrie, qui parfois, comme Carthage, fille de la Phénicie, ou les exilés d'Angleterre chassés par la persécution religieuse, deviennent de grandes nations, égales à la souche d'où elles sont sorties; tantôt enfin des expéditions guerrières et conquérantes, des expéditions de proie et de pillage, comme celles des Cortès, des Pizarre, et comme de plus récentes, hélas! allant, sous prétexte d'agrandir la puissance de la patrie, s'emparer d'espaces lointains, soumettre et oppri-

mer les indigènes, et, comme l'ont fait les puissances européennes à l'envi, essayant, par l'impôt, par le travail forcé, et
par des lois de douane qui leur constituent des marchés réser-
vés, de pomper à leur profit toute la substance de la terre et de
ses habitants. Tout cela, petit ou grand, ce sont des colonies,
mais de caractères différents.

On sait, ou plutôt trop peu de personnes savent ce qu'ont été
les dernières, et quelles déceptions en sont résultées pour les con-
quérants comme pour les conquis. Système absurde en même
temps qu'odieux, a écrit Michelet, ruinant les pays, supprimant
les hommes, détruisant, avec la race faite pour le climat et le
sol, l'agent naturel de culture et d'industrie ; introduisant, pour
remplacer cette race infortunée, la lèpre de l'esclavage des
nègres, et, finalement, aboutissant à une série de guerres inter-
minables et à la perte de presque tout le domaine conquis. La
France, l'Espagne, l'Angleterre, pendant trois siècles, tandis
qu'elles se déshonoraient par la traite des noirs et l'esclavage,
n'ont cessé de se déchirer, en se disputant la possession des
îles et des parties de continent qui les tentaient. Et Franklin a
pu dire, faisant allusion à ces conflits, que si l'on se donnait la
peine de réfléchir, on ne pourrait pas regarder sans horreur un
morceau de sucre, tant on le verrait imbibé de sang et de
larmes.

Pour les métropoles, c'était un métier de dupes, en même
temps qu'une politique de violence et de rapine. Les frais de
garde et de défense dépassaient à tel point le profit prétendu
du commerce, que Charles Comte, Cobden, J.-B. Say et Dunoyer
ont pu dire que si l'Angleterre donnait pour rien à ses colonies
toutes les marchandises qu'elle leur vendait, en renonçant à ce
qu'elle faisait pour les garder, elle y trouverait un gros bénéfice.

Quant aux colons, considérés comme des serfs, condamnés à
fournir la métropole et à se fournir chez elle, le régime qui leur
était imposé était tel, d'après les anciens auteurs, que, dans les
colonies américaines, qui ont fini par se révolter contre cette
exploitation sans merci, il était interdit, malgré l'abondance
des moutons, de porter d'autres étoffes de laine que celles ache-
tées en Angleterre. On ne tondait les troupeaux que pour les
rafraîchir. Les meubles et ustensiles de ménage, à côté des
forêts qui pourrissaient sur pied, devaient venir d'Europe, et
d'Europe aussi jusqu'aux balais de bouleau. Voilà, dans toute
sa rigueur et sa naïveté, le système colonial : possession de
territoires condamnés, par une législation exceptionnelle, à

servir de vaches à lait au commerce et à l'industrie de la métropole, et, en réalité, sangsues qui l'épuisent jusqu'au jour « où »,
comme Turgot le prédisait dès 1733, pour les colonies du nord
de l'Amérique, « elles secouent un joug humiliant et ruineux ».

L'Angleterre (il faut le reconnaître), sans être encore entièrement gagnée à la doctrine de la pleine liberté et de la pleine
justice envers ses possessions lointaines, a fini par comprendre
la fausseté de cet ancien système, et, depuis un demi-siècle au
moins, en même temps qu'elle se faisait le champion de la liberté
des noirs, elle a renoncé à la politique des marchés réser-
vés, et demandé sa prospérité à la liberté et à la concurrence.
« Notre conduite à l'égard de nos colonies, » disait, en 1859,
lord John Russell, « doit tendre à les mettre en état et en désir
de se passer de nous. » Ce qui n'empêche pas, hélas ! que bien
des abus n'aient été, depuis cette époque, commis dans les possessions anglaises. Et l'exemple de la nouvelle politique britan-
nique n'a pas encore converti le reste du monde. Nous conti-
nuons à trop croire, à peu près partout, que la grandeur des
nations se mesure à l'étendue de leur territoire soit central
soit lointain, et nous sommes trop disposés à considérer et à
traiter comme inférieures, non seulement en développement
industriel et scientifique, mais en valeur morale et en droit,
les populations de ces territoires plus ou moins violemment ou
honnêtement annexés. Qui ferait le compte de ce qu'ils nous ont
coûté et nous coûtent annuellement en armements, en navires,
en administration, en sang national et en sang indigène, en
habitudes vicieuses aussi, malheureusement, et corruption,
reculerait épouvanté. Combien, pourtant, serait-il facile de multiplier et d'étendre partout, sans frais et sans danger, nos colonies ! On parle toujours de nos colonies d'ici et de là, que les
étrangers nous jalousent, et dont l'entretien et la garde nous
imposent pour quelque chose comme deux cents millions de
dépenses par an, « et l'on oublie », disait dans sa langue sobre
et pittoresque ce grand marin qui les avait toutes vues et jugées,
l'amiral Réveillère, « nos colonies de Londres, de Buenos-Ayres
et de Mexico. » C'est bien le cas de dire, en nous rappelant le
proverbe, que le bien ne fait pas de bruit. S'il suffisait, hélas !
d'ajouter, pour compléter l'antithèse, que le bruit ne fait pas
de bien !

LES PEUPLES VOUS DEMANDENT DU PAIN;
VOUS LEUR DONNEZ DES BALLES ET DES
BOULETS. ✝ ✝ ✝ ✝ ✝ ✝ ✝ ✝ ✝
HENRY RICHARD.

La Guerre.

◊ ◊ ◊

A guerre est une folie, car, quel qu'en soit le résultat, elle est toujours une cause de ruine et de misère. De misère et de ruine actuelles, par les destructions qu'elle entraîne, les moissons ravagées, les maisons démolies ou incendiées, les ponts coupés, les usines détruites, les morts, les deuils, les maladies et les interruptions de travail et d'études. De ruine et de misère ultérieures, par l'insécurité qu'elle engendre, les craintes, les rancunes et les haines qui lui survivent, et l'état de paix, ou « peur armée », comme disait le général Türr, qui fatalement s'ensuit, continuant, selon le mot de Bastiat, à consommer autant pour les digestions du monstre que pour ses repas, et fournissant, par la continuelle préparation de la lutte, de nouvelles facilités et tentations de lutte [1].

La guerre est funeste par la perturbation qu'elle apporte, et qu'apporte comme elle la paix armée, dans la répartition naturelle des vocations et dans les habitudes des populations. Ce n'est pas en vain que la majeure partie de la jeunesse, à l'âge où se dessinent les carrières et se terminent les apprentissages, voit interrompre ses travaux et ses relations, et se trouve, par des fatigues excessives parfois, par les mauvais exemples souvent et par les entraînements de l'oisiveté, détournée de la régularité de la vie de famille ou d'atelier et engagée sur la

---

1. Voici, d'après le rapport de M. Alfred Neymarck, présenté au Congrès de l'*Institut International de statistique* les chiffres officiels des dettes publiques européennes de la paix armée :

	1865	1870	1887	1908
		milliards de francs		
Capital des dettes publiques européennes	66	75	117	148
Service des intérêts	2.4	3	5.5	6
Dépenses militaires	5	3.5	4.5	6.7

« Depuis 1870, le capital nominal des dettes publiques européennes a doublé : 148 à 150 millions contre 75 ; le service des intérêts et les dépenses militaires ont également doublé. C'est là ce que montrent les budgets : mais ils ne montrent pas tout. Ils ont des jeux d'écriture qui masquent la vérité. L'Europe, si elle ne change pas, marche fatalement à la guerre, à la révolution ou à la ruine ».

voie des dissipations et des désordres. C'est, en tout cas, la
partie la plus saine et la plus vigoureuse de cette jeunesse qui,
si malheureusement elle est appelée sur les champs de bataille,
est enlevée par la mort, par les maladies et par les infirmités
à l'entretien et au renouvellement normal de la race, abandonnant aux éléments défectueux ou inférieurs le soin de combler
les vides. D'où un affaiblissement de la natalité et un abaissement de la qualité.

« C'est vrai, » avouent, ne pouvant fermer les yeux à l'évi-
dence, les partisans de la guerre et de ce qu'ils appellent la
grandeur militaire. « Mais quelle école de courage, d'énergie,
de dévouement, de sacrifice et de mépris de la mort! »

Il est parfaitement vrai que la guerre, au milieu de ses hor-
reurs, donne lieu parfois, souvent même, à l'exercice des plus
nobles vertus. Mais la vie civile, dans son cours régulier, est-
elle moins féconde en occasions de courage, d'endurance et de
dévouement? Le chauffeur sur sa machine, le mineur dans sa
galerie, le marin sur son navire, le pompier au feu, le médecin
à l'hôpital et au chevet du pestiféré ou du diphtérique, le physi-
cien et le chimiste dans leur laboratoire, n'ont-ils pas, bien
souvent, des dangers analogues à courir, d'autant plus méri-
tants, en somme, qu'ils n'ont pas, pour les soutenir et les
élever au-dessus d'eux-mêmes, l'entraînement de la lutte, l'exci-
tation de l'exemple et la nécessité visible de défendre leur peau?
Ceux-là, certes, aussi bien que le soldat que ses officiers mènent
au combat, savent, non pas mépriser la mort (ce qui est mépriser la vie, celle de ses semblables comme la sienne), mais
sacrifier, quand le devoir le commande, leur vie pour la patrie
et pour l'humanité. Les héros du champ de bataille sont grands
quand, au lieu d'être, comme les Pizarre et les Cortez et d'autres
plus célèbres, des oppresseurs et des détrousseurs de nations,
ils sont de nobles défenseurs de l'indépendance et de l'honneur
de leur pays ou de modestes serviteurs de la loi. Mais les héros
de la paix, les héros volontaires et conscients de la science, de
la liberté, de la justice, de l'humanité, ceux qui, pieusement,
pour reprendre le mot de Victor Hugo, sont morts non pour la
patrie seulement, mais pour la vérité, la justice et l'honneur;
ceux qui ont agrandi et anobli, pour eux et pour les autres, la
vie et son emploi, ceux-là sont plus grands encore, et leur gloire
bienfaisante l'emporte sur toutes les autres. Vivre bien et faire
bien vivre vaudra toujours mieux que tuer ou se faire tuer.

J'AI VU LA PAIX DESCENDRE SUR LA TERRE
PORTANT DES FRUITS, DES FLEURS ET DES ÉPIS

AH! DISAIT-ELLE, ÉGAUX PAR LA VAILLANCE,
FRANÇAIS, ANGLAIS, BELGE, RUSSE OU GERMAIN,
PEUPLES! FORMEZ UNE SAINTE ALLIANCE
ET DONNEZ-VOUS LA MAIN!

                                                BÉRANGER.

Paix. — Patrie. — Humanité.

◊ ◊ ◊

JE me demande s'il est bien nécessaire de consacrer un chapitre spécial à ce sujet ; si, en faisant le procès de la
guerre, en montrant par combien de côtés l'esprit de jalousie, de cupidité et de violence torture et dégrade notre
pauvre humanité, je n'ai pas suffisamment fait ressortir les avantages et la nécessité de la paix ; et s'il est bien utile de plaider
une fois de plus, à cette place, une cause que je plaide tous les
jours, ailleurs, par la parole, par la plume et par l'action [1].

Les littérateurs, les poètes, les philanthropes, les hommes
d'Etat dignes de ce nom et les directeurs d'âmes qui ne sont
pas d'aveugles conducteurs d'aveugles, la plaident aussi sous
mille formes. Et, s'il y a eu des artistes qui, parfois à juste titre,
(car la guerre a eu ses héros), ont glorifié les grands faits
d'armes, il y en a eu également qui ont glorifié les bienfaits de
la paix. On voit, à Florence, parmi les plus admirables toiles
des merveilleux musées de cette ville, deux tableaux du fameux Salvator Rosa, dont l'un représente la Paix brûlant les
armes de la guerre ; et l'autre, la forêt des philosophes, dans la
calme retraite de laquelle les sages, amis de la vérité et de la
justice, méditent ensemble sur la destinée humaine et sur les
moyens de l'améliorer. La paix, en effet, est la première condition de la vie et de son développement ; et la nature entière,
depuis le minéral, en apparence insensible et inerte, jusqu'à la
plus haute manifestation de l'intelligence, a besoin de paix. C'est
dans la paix que s'accomplit le travail mystérieux par lequel le

---

1. Voir notamment *Pour la Paix*. Fascicule.

cristal se forme. La plante, pour grandir et s'enraciner, a
besoin de repos, c'est-à-dire de paix. Les édifices, pour s'élever
et pour subsister, ont besoin de tranquillité ; et c'est dans la
longue patience qui, suivant Buffon, fait le génie, que les
Newton, les Lavoisier, les Pasteur et les Copernic réalisent
leurs découvertes et pénètrent les secrets de la chimie et de la
mécanique. Partout la paix, la paix qui n'est pas la mort, mais
le travail régulier et fécond de la vie ! Et c'est après cette paix,
comme l'a dit saint Paul, que toute la création soupire : *Omnis
creatura ingemiscit.*

Tout cela, encore une fois, il est inutile de le redire. Mais ce
qui ne l'est pas, c'est de bien établir le caractère de cette paix
que nous poursuivons au nom de l'intérêt comme au nom de la
morale; et de la bien distinguer non seulement de l'antipatrio-
tisme et de l'antimilitarisme (que l'on a affecté de confondre
avec elle), mais de cette indifférence ou de ce fatalisme mys-
tique prêché tantôt par « des lâches résignés à tout pourvu que
la sécurité du jour présent leur soit laissé [1]; » tantôt par de
généreux mais imprudents visionnaires qui, par horreur de
toute violence, finiraient par livrer le monde à toutes les dé-
bauches de la cupidité et de la force.

« Ne résistez pas au mal ! » dit sur tous les tons l'illustre écrivain Tolstoï. Et si vous voyez un bandit lever la main pour
égorger une femme ou un enfant, gardez-vous de l'en empêcher,
car il faudrait le frapper et peut-être le tuer lui-même.

Mais, ô grand Tolstoï, si, par crainte de frapper l'agresseur,
je le laisse frapper sa victime, n'est-ce pas comme si j'étais moi-
même l'assassin et le bourreau ? Si, pour éviter de tirer l'épée
et de faire parler la poudre, je laisse envahir mon pays, ravager
les moissons, mettre tout à · feu et à sang, et réduire enfin en
servitude, après les avoir ruinés, mes malheureux concitoyens,
n'est-ce pas comme si j'avais directement attiré sur eux les
fléaux qui vont les accabler ? Au nom de la paix elle-même, au
nom de l'horreur que doit soulever dans tous les cœurs l'emploi
de la force, il est, hélas ! trop nécessaire encore, après avoir
épuisé tous les moyens d'éviter cette cruelle extrémité, d'opposer la force qui résiste au mal à la force qui opère le mal. Un
homme, comme individu, peut, s'il le juge à propos, se laisser
sacrifier, victime innocente et peut-être inutile; il n'a pas le
droit, s'il peut l'empêcher, de laisser sacrifier son semblable.

---

1 Voir ma brochure : *Revanche au Relèvement,* 1872. *Société Française
des Amis de la Paix.*

Une patrie, c'est-à-dire l'ensemble des hommes dont les âges ont fait une famille, par le territoire, par la langue, par les intérêts, par les sentiments et par les idées, n'a pas le droit de se laisser supprimer par un aveugle acquiescement aux soi-disant fatalités de l'ambition et de la violence.

La patrie n'est rien, disent d'autres ; l'humanité est tout. Et les drapeaux, autour desquels on rassemble comme devant des emblèmes sacrés les différents groupes humains, ne sont que les vains hochets de l'antagonisme menteur au nom duquel les calculs des princes et des diplomates poussent les uns contre les autres les malheureux troupeaux qu'ils conduisent à l'abattoir

> *Nation, mot pompeux pour dire barbarie !*

s'écriait, dans son admirable langage, le grand poète Lamartine.

> *Déchirez ces drapeaux! Une autre voix vous crie :*
> *L'égoïsme et la haine ont seuls une patrie.*
> *La fraternité n'en a pas !*

Non, ne déchirons pas nos drapeaux ; unissons-les, ou plutôt, en les conservant et en les honorant, car ils sont, en effet, des emblèmes sacrés, emblèmes de nos souffrances, de nos joies, de nos malheurs et de nos gloires ; formons de leurs couleurs réconciliées un faisceau commun d'espérance, de confiance mutuelle et de grandeur partagée.

L'humanité n'existe que par les patries ; comme celles-ci par les familles qui les composent, et les familles par leurs membres. Faisons, autant qu'il dépend de nous, régner dans leur sein l'ordre et la justice. Apprenons-leur qu'elles ne peuvent prospérer durablement qu'à la condition de se respecter et de s'assister les unes les autres. Montrons leur tout ce que, d'un bout à l'autre du temps et de l'espace, nous avons reçu les uns des autres ; mais commençons par valoir individuellement, hommes, tribus ou nations, tout ce qu'il nous est possible de valoir ; et, sous prétexte de servir l'humanité, ne commençons pas par renier les patries sans lesquelles elle n'existerait pas. Si nous aimons les hommes, si nous professons qu'ils sont tous nos frères, reconnaissons cependant qu'ils ne le sont pas tous au même degré, et que notre prochain le plus proche c'est celui à côté duquel la naissance et la parenté nous ont placés.

« Il faut aimer la patrie d'autrui, » s'écriait, il y a un demi-siècle, dans un beau livre sur la paix, l'un de ses plus fervents apôtres.

Oui, il faut aimer la patrie d'autrui, parce que les hommes qui la composent ont, comme ceux qui composent la nôtre, droit à leur place sur la terre, et parce que nous profitons tous, dans une mesure plus ou moins large, des travaux, des progrès, des découvertes réalisés sur un point quelconque du globe ; parce que nous sommes, en réalité, hommes ou peuples, des produits de la lente élaboration du genre humain. Mais il faut aimer d'abord notre patrie, parce que c'est à elle que nous devons le plus, et parce que c'est en la faisant, par notre labeur, grande, riche, éclairée et juste, que nous travaillons le plus sûrement au développement de la famille universelle.

L'ACTIVITÉ D'UN PAYS EST EN FONCTION DIRECTE DE LA RESPONSABILITÉ DES ✝ ✝ PERSONNES, ET EN RAISON INVERSE DE L'INGÉRENCE DE L'ÉTAT DANS LE DOMAINE ÉCONOMIQUE. ✝ ✝ ✝ ✝ ✝ ✝ ✝ ✝ .

Contre-Amiral RÉVEILLÈRE.

L'État.

◊ ◊

L 'ÉTAT, c'est moi », disait Louis XIV ; et il disait vrai, ou peu s'en faut. C'était à lui que tout aboutissait, et de lui que tout semblait venir ; en lui que se concentraient, avec le pouvoir d'en user sans contrôle, toutes les forces et toutes les ressources de la nation ; de lui que s'obtenaient les grades, les distinctions et les grâces et jusqu'au droit de travailler : « droit domanial et royal, que les rois peuvent vendre, et les sujets doivent acheter. » « Tout ce qui est dans ce royaume, » lui avaient dit solennellement ses docteurs, « appartient à Votre Majesté. » « Tout ce peuple vous appartient, » allait redire à l'enfant de cinq ans qui lui devait succéder, la foule servile des courtisans.

Aujourd'hui l'État, c'est nous, nous tous, en théorie au moins, et c'est de nous tous, sous forme de contributions et d'impôts, que proviennent toutes les ressources, à nos dépens, par conséquent, que sont faites toutes les faveurs et accordés tous les encouragements, tous les secours, les subventions et les dispenses qu'à tour de rôle nous sollicitons ou nous obtenons de l'État, comme si sa bourse était inépuisable et si le droit d'y puiser était une des conséquences du titre de citoyen. La bourse de l'Etat c'est notre bourse, puisque les millions et les milliards qui s'écoulent par le budget des dépenses ne sont que le produit des francs et des centimes prélevés, pour le budget des recettes, sur nos revenus, petits ou grands. C'est-à-dire que, si nous recevons de l'Etat, d'un côté, c'est qu'il a reçu de nous d'un autre, et davantage, car, dans le trajet qu'il fait pour aller de nos poches à la caisse qui le centralise et pour revenir de cette caisse à sa destination, notre argent subit nécessairement bien des prélèvements ; frais de perception, frais de garde, frais de transport, et le reste. « Au bon vieux temps, » le Roi était heureux, parfois, quand il recevait le tiers ou la moitié de ce qu'on prenait pour lui à ses sujets. Nous sommes mieux servis ; et notre administration financière est honnête et relativement simple ; mais elle n'a pu réaliser le miracle de travailler pour rien, et le Ministre qui réussira à rendre aux contribuables autant qu'il lui aura pris est encore à trouver.

« Monsieur l'économiste », me disait un jour une bonne vieille dame, fille d'un historiographe de Louis XVI, et qui avait vu bien des régimes divers, au moment où les journaux célébraient à l'envi la générosité de l'Empereur, qui venait d'ouvrir aux Conseils municipaux un crédit de deux cents millions pour leurs chemins vicinaux ; « comment va-t-il s'y prendre pour nous faire ce gros cadeau ? »

— « C'est bien simple, madame, répondis-je ; on vous fera prier, par la gracieuse entremise de M. le Percepteur, de verser vingt francs de plus pour vos contributions ; ce que vous ne manquerez pas de faire. On vous remettra ensuite, en la personne non moins gracieuse de M. le Maire, dix francs pour vos chemins, et l'on vous dira : « Faites la révérence et bénissez la libéralité du Gouvernement. » Et vous ferez la révérence, et vous remercierez le Gouvernement. C'est toujours ainsi que cela se passe ; il n'y a de différences que dans les sommes et dans l'emploi que l'on en fait. »

Oui, c'est toujours ainsi, Jacques Bonhomme, mon ami, et tu devrais le savoir depuis le temps que tu en fais l'expérience. Qu'il s'agisse de chemins vicinaux, d'écoles, de subventions aux sociétés de secours mutuels ou d'encouragements et de participation aux caisses de retraites, on ne peut rien te donner que l'on n'ait commencé par te prendre, et c'est toi, de quelques belles phrases que l'on enguirlande l'avertissement du fisc ou l'avis de la somme allouée, qui a ouvert la main droite pour contribuer, avant de tendre la gauche pour recevoir.

Et à ce jeu tu ne perds pas seulement la différence entre ce que l'on te prend et ce que l'on te rend; mais tu perds, en partie au moins, la liberté de choisir comme il te plairait l'emploi de tes ressources et la forme de tes mesures de prévoyance ou d'assurance; tu prends l'habitude, plus fâcheuse que tu ne le supposes, de la dépendance et parfois de la servilité; tu mendies comme une faveur et tu reçois comme un bienfait ce qu'il dépend de toi de te procurer par la naturelle vertu de la prévoyance personnelle et de l'association volontaire : tu t'appauvris et tu risques de laisser diminuer ta dignité.

Et c'est pourquoi, si j'étais toi, je dirais à l'Etat, je veux dire au Gouvernement qui le représente : « Donnez-moi (je vous paie pour cela, et je ne vous marchande pas la note) la sécurité et la liberté; protégez-moi contre les agressions extérieures et contre les violences intérieures; tenez à ma disposition, à toute heure, une police vigilante et une magistrature impartiale et rapide; débarrassez-moi de tous les monopoles qui entravent mon activité et de toutes les mesures soi-disant protectrices qui enchérissent ma vie; et laissez-moi me tirer d'affaire à ma façon et à mes risques et périls. Vous aurez assez fait pour moi le jour où, sciemment ou non, à bonne ou à mauvaise intention, vous ne ferez plus rien contre moi. »

L'Etat idéal, ce serait un gardien impartial et vigilant de la sécurité et de la liberté des individus. L'autorité, que l'on oppose trop souvent à la liberté, n'a d'autre raison d'être, au fond, et d'autre titre à notre respect que son devoir d'être le bouclier de la liberté.

CE QU'ON APPELLE LE PROGRÈS MATÉRIEL
N'EST QUE LA FORME EXTÉRIEURE DU
PROGRÈS MORAL. ✝ ✝ ✝ ✝ ✝ ✝ ✝ ✝

Roger de FONTENAY.

La Loi du Progrès.

❍ ❍ ❍

J'AI cherché, dans les pages qui forment ce modeste volume, à indiquer, en termes simples et sans prétention, la solution, la solution vraie, des différents problèmes de la vie sociale; et partout, sous la complication apparente des questions et à travers la contradiction des écoles et des formules, j'ai trouvé que cette solution, la même pour tous, au fond, était simple et, à la condition de le vouloir sérieusement, à notre portée.

Il s'agit tout uniment de répudier, une bonne fois pour toutes, les innombrables remèdes de la pharmacie sociale que nous vantent à l'envi, en se déchirant mutuellement, les empiriques et les médicastres qui vivent de notre crédulité et de nos erreurs, et de nous en tenir, non pas précisément au régime de l'eau claire, mais au régime de la liberté, du respect mutuel et, s'il est possible, de la bienveillance : de cesser de nous faire du mal à nous-mêmes par ignorance, ou d'en faire à nos semblables, individus et peuples, par jalousie ou par cupidité.

Il s'agit, en premier lieu, de bien employer notre temps et notre activité, par notre travail personnel ; puis de ne pas entraver, d'aider, au contraire, nos voisins, jusqu'aux plus éloignés, dans leurs efforts pour faire comme nous bon emploi de leurs facultés et de leurs ressources. Il s'agit de comprendre que notre société locale d'abord, puis la société plus grande qui s'appelle la patrie, puis la plus grande patrie, qui est l'humanité, sont des corps dont toutes les parties sont solidaires, et dont les membres, par conséquent, ne peuvent nuire aux autres sans se nuire à eux-mêmes, certains, d'autre part, de profiter de leur bien, comme ils les font, même inconsciemment, profiter de leurs propres avantages et de leurs propres succès.

C'est-à-dire qu'il faut et, comme disent les mathématiciens, il suffit de voir juste et d'agir loyalement, de travailler en laissant travailler les autres, et de faire bon emploi des forces et des ressources nouvelles, constamment croissantes, que la science met à notre disposition.

D'où, à mesure que le progrès matériel arme nos mains, comme il les arme à la fois pour le bien et pour le mal, comme la vapeur, l'électricité, les agents physiques et chimiques, les explosifs qui brisent les roches et exterminent les hommes, sont à nos ordres pour la besogne sainte comme pour la besogne maudite, l'obligation de savoir suffisamment diriger nos désirs et maîtriser nos passions, pour profiter de leurs bienfaits sans souffrir de leur révolte. Sans un progrès moral, égal et même supérieur, le progrès matériel est vain, s'il n'est pas funeste.

Table des Matières

Paris — Imp. LAROUSSE, 17, rue Montparnasse.

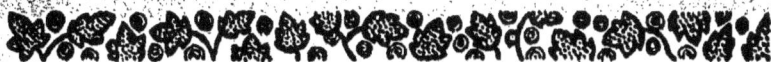

EXTRAIT DU CATALOGUE
DE LA LIBRAIRIE LAROUSSE
13-17, rue Montparnasse, Paris (6e).

Dictionnaires Larousse
encyclopédiques et illustrés

o o o

Les *Dictionnaires Larousse* sont aujourd'hui universellement connus. Partout on s'accorde à les considérer comme les meilleurs des dictionnaires et, peut-on dire, comme les types mêmes du genre. A l'heure actuelle où les conditions de la vie nous obligent plus que jamais à avoir en toutes choses des idées précises et des renseignements exacts, ce sont des ouvrages qui ont leur place marquée dans tous les foyers. Il existe des éditions de tous prix, dont l'ensemble constitue une série unique au monde. Enrichissant sans relâche cette incomparable collection, la Librairie Larousse a entrepris, à côté des *dictionnaires encyclopédiques généraux*, la publication de *dictionnaires spéciaux*, en vue de répondre à tous les besoins de l'existence présente.

DICTIONNAIRES ENCYCLOPÉDIQUES GÉNÉRAUX
publiés sous la direction de Claude AUGÉ

Nouveau Larousse illustré, en *huit volumes*. Le plus remarquablement documenté et illustré des grands dictionnaires encyclopédiques, rédigé par plus de 400 collaborateurs d'élite. 7 600 pages (format 32 × 26), 237 000 articles, 49 000 gravures, 504 cartes en noir et en couleurs, 89 planches en couleurs. Broché, **525 fr.**; relié demi-chagrin . . . . . . **725 francs**
Payable à raison de 50 francs par mois (au comptant, 10 % d'escompte).

N. B. — *Le* Nouveau Larousse *est tenu indéfiniment à jour par le* Larousse mensuel *(quatre volumes en vente [années 1907-1919]; le Tome V [1920-1923] paraîtra en janvier 1923).* — *Voir p us loin.*

Souscription globale au Nouveau Larousse *en huit volumes et au* Larousse mensuel *en cinq volumes; soit treize volumes, reliure demi-chagrin* . . . . **1 100 francs**
Payable à raison de 65 francs par mois (au comptant, 10 % d'escompte).

EN VENTE CHEZ TOUS LES LIBRAIRES

DICTIONNAIRES ENCYCLOPÉDIQUES GÉNÉRAUX
(suite)

Larousse Universel, *en deux volumes (en cours de publication)*. Le dictionnaire d'après-guerre : le seul ouvrage qui présente, après les profondes transformations de ces dernières années, une documentation entièrement à jour sur toutes les connaissances humaines.
Paraît par fascicules hebdomadaires à 1 franc. L'ouvrage formera deux magnifiques volumes de plus de 1 200 pages chacun (format 21 × 30,5), contenant 120 000 articles, 25 000 gravures, 500 planches et cartes en noir et en couleurs ; le *Tome Ier* (A-K) est en vente (broché, **72 fr.** ; relié, **95 fr.**), le *Tome II* sera terminé au printemps 1923. *(Demander les conditions de souscription à l'ouvrage complet.)*

Petit Larousse illustré. Le plus complet des dictionnaires manuels. *Un volume* de 1 680 pages (format 13,5 × 20), 5 800 gravures, 130 tableaux et 120 cartes en noir et en couleurs. Relié toile . . . . **20 francs**
Édition de luxe sur papier bible. Relié toile, 32 fr. ; relié peau . **40 francs**

Larousse classique illustré. *Un volume* de 1 100 pages (13,5 × 20), 4 150 gravures, 70 tableaux et 114 cartes en noir et en couleurs. Cartonné, **15 fr.** ; relié toile . . . . **17 fr. 50**

Larousse élémentaire illustré. *Un volume* de 1 275 pages (format 10,5 × 16,5), 2 500 gravures, 37 tableaux dont 2 en couleurs, 24 cartes. Cartonné, **12 fr.** ; relié toile . . . . **13 fr. 50**

Dictionnaire illustré de la langue française. *Un volume* de 956 pages (format 10,5 × 16,5), 1 900 gravures, 37 tableaux dont 2 en couleurs. Cartonné, **9 fr.** ; relié toile . . . . **10 fr. 50**

Larousse de poche. *Un volume* de 1 302 pages sur papier bible (format 10,5 × 16,5). Relié toile, **18 fr.** ; relié peau . . . . **24 francs**

DICTIONNAIRES ENCYCLOPÉDIQUES SPÉCIAUX

Larousse agricole illustré, *en deux volumes*, publié sous la direction de E. Chancrin, Inspecteur général de l'Agriculture, et R. Dumont, Professeur d'Agriculture. L'ouvrage le plus pratique et le plus largement conçu qui ait jamais été fait dans ce genre : contient tout ce qui concerne l'agriculture, l'horticulture, l'élevage, etc., et s'adresse à toutes les personnes qui, à quelque titre que ce soit, s'intéressent aux choses agricoles. 1 700 pages (format 32 × 26), 5 200 gravures, 40 planches en couleurs, 102 planches en noir. Broché, **190 fr.** ; relié demi-chagrin . . . **225 francs**
Payable 15 francs par mois (au comptant, 10 %).

Larousse médical illustré, publié sous la direction du Dr Galtier-Boissière. Le seul ouvrage vraiment pratique et sérieux qui ait été publié à l'usage du grand public en matière de médecine et d'hygiène, dû à la collaboration de spécialistes autorisés et merveilleusement illustré, en grande partie par la photographie d'après nature. Magnifique volume in-4° de 1 300 pages (20 × 27), 2 462 gravures, 78 planches en noir, 36 planches en couleurs. Broché, **62 fr.** ; relié demi-chagrin . . **90 francs**
Payable 7 fr. 50 par mois (au comptant, 5 %).
Prospectus détaillés sur demande.

Larousse mensuel illustré

Périodique encyclopédique

publié sous la direction de Claude AUGÉ.

○ ○ ○

Le Larousse de l'actualité : enregistre chaque mois dans l'ordre *alphabétique*, sous une forme documentaire, toutes les manifestations de la vie contemporaine; tient au courant de tout, forme la *mise à jour* indéfinie du *Nouveau Larousse illustré* (voir plus haut). Paraît le premier samedi du mois. Le numéro illustré de nombreuses grav. (format 32 × 26). **2 fr. 50**

Abonnement pour 1922 : France et Colonies . . . . **26 francs**
   —   —   Étranger (Union postale) . . . . **30 francs**
        (Un numéro spécimen est envoyé au prix réduit de 1 fr. 50.)

En vente : **Tome I (1907-1910).** Br., **55 fr.**; relié demi-ch. . **80 francs**
          Tome II (1911-1913). Br., **65 fr.**; relié demi-ch. **90 francs**
          Tome III (1914-1916). Br., **75 fr.**; relié demi-ch, **100 francs**
          Tome IV (1917-1919). Br., **80 fr.**; relié demi-ch. . **105 francs**
Payable par mensualités de 7 fr. 50 par 100 fr. (remise au comptant).

Le **Tome V (1920-1922)** paraîtra en janvier 1923.

Le Larousse mensuel *est le* complément *indispensable du* Nouveau Larousse *(voir plus haut les conditions de la souscription globale aux deux publications).*

Dictionnaires divers

○ ○ ○

Dictionnaire synoptique d'étymologie française, par Henri STAPPERS, donnant la dérivation des mots usuels, classés sous leur racine commune et en divers groupes : latin, grec, langues germaniques, etc. Un volume in-12 de 960 pages. Relié toile . . . . **18 francs.**

Dictionnaire méthodique et pratique des rimes françaises, par Ph. MARTINON, bien au courant de la langue de notre temps et précédé d'un excellent traité de versification. Un vol. petit in-12 de 300 pages. Cart. **4 fr. 50**

Annuaire général
de la France et de l'étranger

Recueil de documentation générale sans analogue en France, constituant une véritable encyclopédie de la vie active des peuples; tous les renseignements utiles au point de vue politique, économique, etc., sur toutes les nations du globe. *Édition 1922.* XXXII-1118 pages bourrées de faits, de chiffres et de statistiques. Un vol. in-8°, br., 30 fr.; relié toile. **35 francs**

Une splendide collection de grands ouvrages illustrés

COLLECTION IN-4° LAROUSSE

✧ ✧ ✧

Les ouvrages dont se compose la *Collection in-4° Larousse* sont tout à la fois de grandes œuvres de fond, d'un large intérêt et d'un caractère très vivant, et de splendides volumes pour lesquels on a fait appel à toutes les ressources matérielles de l'art moderne du livre. Imprimés avec soin sur un papier magnifique, dans un grand format (32 × 26 centimètres), merveilleusement illustrés par les procédés de gravure photographique les plus perfectionnés et enrichis de nombreuses planches et cartes en noir et en couleurs, ils sont revêtus de reliures originales signées d'artistes comme GRASSET, AURIOL, GIRALDON, etc.

Les ouvrages de cette collection peuvent être payés par mensualités de 7 fr. 50 par 100 francs (au comptant, 5 % d'escompte jusqu'à 175 francs, 10 % au-dessus).

SCIENCES NATURELLES

Histoire Naturelle illustrée, en *deux volumes (en cours de publication)*. Une présentation moderne, vivante et pittoresque des sciences si passionnantes de la nature. Le *Tome Iᵉʳ*, *Les Plantes*, par J. COSTANTIN, Membre de l'Institut, et F. FAIDEAU, est en vente (broché, **50** fr.; relié demi-chagrin, **75** fr.); le *Tome II*, *Les Animaux*, par L. JOUBIN, Membre de l'Institut, et Aug. ROBIN, Correspondant du Muséum, paraît par fascicules à **1** fr. **95**. *(Demander le prospectus spécimen donnant les conditions de souscription à l'ouvrage complet).*

La Terre, Géologie pittoresque, par Aug. ROBIN, correspondant du Muséum. 760 gravures photogr., 24 hors-texte, 53 tableaux de fossiles, 158 dessins et 3 cartes en coul. Br., **42** fr.; relié demi-chagr.. **67** francs

La Mer, par CLERC-RAMPAL. Original ouvrage d'ensemble sur la mer : océanographie, histoire du navire et de la navigation. 636 gravures photographiques, 16 hors-texte, 4 planches en couleurs, 6 cartes en couleurs, 316 cartes en noir ou dessins. Broché, **45** fr.; relié demi-chagr. **70** francs

GÉOGRAPHIE PITTORESQUE

La France, Géographie illustrée, *en deux volumes*, par P. JOUSSET. La géographie de notre pays, y compris l'Alsace et la Lorraine, présentée de la façon la plus originale et la plus attrayante : un texte vivant et coloré, une merveilleuse évocation par la photographie d'après nature. 1 987 gravures photographiques, 40 planches hors texte, 24 cartes et plans en noir, 32 cartes en couleurs. Br., **100** fr.; relié demi-chagrin. **150** francs

Paris-Atlas, par F. BOURNON. Le plus bel ouvrage publié sur Paris et ses environs. 595 gravures photographiques, 32 dessins, 24 plans en huit couleurs. Broché, **30** fr.; relié demi-chagrin.......... **55** francs

EN VENTE CHEZ TOUS LES LIBRAIRES

L'Allemagne contemporaine illustrée, par P. JOUSSET. 588 gravures photogr., 8 cartes en coul., 14 cartes ou plans en noir. Br. **30 francs**
Relié demi-chagrin. . . . . **55 francs**

La Belgique illustrée, par DUMONT-WILDEN. 570 gravures photographiques, 10 planches hors texte, 4 planches en couleurs, 28 cartes en noir et en couleurs. Broché, 40 fr. ; relié demi-chagrin . . . . . **65 francs**

L'Espagne et le Portugal illustrés, par P. JOUSSET. 772 gravures photographiques, 19 planches hors texte, 10 cartes et plans en couleurs, 11 cartes et plans en noir. Broché, 45 fr. ; relié demi-chagrin. **70 francs**

La Hollande illustrée. 349 gravures photographiques, 15 planches en noir, 2 planches en couleurs, 39 cartes en noir et en couleurs. Broché, 24 fr. ; relié demi-chagrin. . . . . **42 francs**

Le Japon illustré, par Félicien CHALLAYE. 677 gravures photogr., 4 planches en couleurs, 8 planches en noir, 11 cartes et plans en couleurs, 15 cartes et plans en noir. Broché, 45 fr. ; relié demi-chagrin. . **70 francs**

La Suisse illustrée, par A. DAUZAT. 635 gravures photographiques, 10 cartes en noir, 11 cartes en couleurs, 2 planches en couleurs, 12 planches en noir. Broché, 42 fr. ; relié demi-chagrin . . . . **67 francs**

HISTOIRE

Histoire de France illustrée (des origines à la fin de la guerre de 1870-71), *en deux volumes.* Toute la vie française à travers les siècles : un texte précis et impartial, une documentation iconographique sans analogue. 2028 gravures photographiques, 43 planches en couleurs, 9 cartes en coul., 96 cartes en noir. Br., 100 fr. ; relié demi-ch. **150 francs**

Histoire de France contemporaine (1871-1913). Tableau complet et documenté : histoire politique, sociale, littéraire, artistique, etc. 1164 gravures photographiques, 40 tableaux, 11 planches en couleurs, 22 cartes en noir et en couleurs. Br., 55 fr. ; relié demi-chagrin. **85 francs**

La France héroïque et ses Alliés (1914-1919), *en deux volumes,* par G. GEFFROY, L. LACOUR, L. LUMET. Un récit clair, vivant et bien coordonné, animé d'une saisissante illustration photographique. 1279 gravures photographiques, 51 planches hors texte en noir et en couleurs, 26 cartes en noir et en couleurs. Broché, 110 fr. ; relié demi-chagrin. . . **160 francs**

Ces trois ouvrages forment, en cinq volumes, une histoire de France complète, la plus vivante et la plus intéressante qui existe.

ARTS

Le Musée d'Art (des Origines au XIXe siècle), publié avec la collaboration de critiques d'art et écrivains autorisés. Splendide ouvrage d'initiation artistique. 900 gravures photographiques, 50 planches hors texte. Broché, 45 fr. ; relié demi-chagrin. . . . . **70 francs**

Le Musée d'Art (XIXe siècle), publié avec la collaboration de critiques d'art et écrivains autorisés. 1000 gravures photographiques, 38 planches hors texte. Broché, 45 fr. ; relié demi-chagrin. . . . . **75 francs**

SPORTS

Les Sports modernes illustrés. Théorie et pratique de tous les sports. 813 grav., 28 pl. hors texte. Br., 30 fr. ; relié demi-ch. **55 francs**

Littérature
Chefs-d'œuvre des grands écrivains
BIBLIOTHÈQUE LAROUSSE
◊ ◊ ◊

Tout le monde devrait posséder les grandes œuvres qui sont le patrimoine de l'esprit humain. La *Bibliothèque Larousse* les met à la portée de tous en des volumes d'un beau format et d'une présentation originale et attrayante. Leur typographie nette et élégante, leur intéressante illustration (fac-similés de gravures des éditions originales, portraits, autographes, etc.), les notices et annotations sobres et documentées qui accompagnent les textes sans les surcharger, donnent à ces éditions une place à part entre toutes les collections de ce genre. Ajoutons qu'elles rendent accessibles à tous un certain nombre d'ouvrages que leur étendue ne permet généralement pas de lire intégralement : les larges extraits qu'elles en donnent sont reliés entre eux par des notices analytiques ; on peut suivre ainsi la pensée de l'auteur et avoir une idée de l'ensemble.

XVIᵉ siècle
Ronsard : Œuvres choisies illustrées.............. 1 vol.
Rabelais : Gargantua et Pantagruel............... 3 vol.

XVIIᵉ siècle
Corneille : Théâtre choisi illustré................ 3 vol.
Racine : Théâtre complet illustré................ 3 vol.
Molière : Théâtre complet illustré............... 8 vol.
Chefs-d'œuvre comiques des successeurs de Molière. 2 vol.
La Fontaine : Fables illustrées .... 2 vol.
Boileau : Œuvres poétiques illustrées .... 1 vol.
Bossuet : Œuvres choisies illustrées............ 2 vol.
La Bruyère : Les Caractères.................... 2 vol.
La Rochefoucauld : Maximes.................... 1 vol.
Mᵐᵉ de Sévigné : Lettres choisies illustrées .... 2 vol.
Mᵐᵉ de La Fayette : La Princesse de Clèves....... 1 vol.

XVIIIᵉ siècle
Regnard : Théâtre choisi illustré................ 2 vol.
Abbé Prévost : Manon Lescaut.................. 1 vol.
J. J. Rousseau : Les Confessions (extraits suivis)...... 1 vol.
— Émile (extraits suivis)........... 1 vol.
Voltaire : Romans .... 3 vol.
— Théâtre choisi illustré .... 1 vol.
— Œuvre poétique .... 1 vol.
— Histoire de Charles XII .... 1 vol.
Diderot : Œuvres choisies illustrées .... 3 vol.
Montesquieu : Lettres persanes .... 1 vol.
Beaumarchais : Théâtre choisi illustré.......... 2 vol.
Bernardin de Saint-Pierre : Paul et Virginie....... 1 vol.

BIBLIOTHÈQUE LAROUSSE (Suite)

XIXe siècle

Chateaubriand : Œuvres choisies illustrées . . . . . .   3 vol.
Benjamin Constant : Adolphe et œuvres choisies . .   1 vol.
Stendhal : La Chartreuse de Parme . . . .   2 vol.
—   Le Rouge et le Noir . . . .   2 vol.
—   Chroniques italiennes . . . .   1 vol.
Ch. Nodier : Contes fantastiques . . . .   1 vol.
—   Contes de la Veillée . . . .   1 vol.
P.-L. Courier : Lettres écrites de France et d'Italie.   1 vol.
—   Daphnis et Chloé, Pamphlets . . . . . .   1 vol.
Balzac : Le Père Goriot . . . .   1 vol.
—   Eugénie Grandet . . . .   1 vol.
—   La Cousine Bette . . . .   2 vol.
—   Le Cousin Pons . . . .   1 vol.
—   Le Lys dans la vallée . . . .   1 vol.
—   Le Médecin de Campagne . . . .   1 vol.
—   La Peau de chagrin . . . .   1 vol.
—   La Rabouilleuse . . . .   1 vol.
Gérard de Nerval : Œuvres choisies illustrées . . . .   1 vol.
Alfred de Musset : Œuvres complètes illustrées . . .   8 vol.
Alfred de Vigny : Œuvres illustrées . . . .   7 vol.
Murger : Scènes de la vie de Bohème . . . .   1 vol.
Victor Hugo : Œuvres choisies illustrées (voir ci-dessous).

Anthologies

Anthologie des écriv. français des XVe et XVIe s.   2 vol.
Anthologie des écrivains français du XVIIe siècle . .   2 vol.
Anthologie des écrivains français du XVIIIe siècle . . . .   2 vol.
Anthologie des écrivains français du XIXe siècle . . .   4 vol.
Anthologie des écrivains français contemporains . .   2 vol.

Littératures étrangères

Shakespeare : Œuvres choisies illustrées . . . .   3 vol.
Tourguenev : Eaux printanières . . . .   1 vol.
Gogol : L'Inspecteur . . . .   1 vol.

Chaque volume in-8° (13,5 × 20), sous couverture
remplíée, tirage deux tons, tranches rognées. 4 fr. 50

*Un certain nombre de volumes se vendent également en reliure
toile ivoirine, en reliure Bradel genre XVIIIe siècle ou en
reliure demi-peau, fers et tête dorés (demander le catalogue)*

Hors série : **Victor Hugo : Œuvres choisies illustrées.** *Deux
volumes* d'environ 550 pages chacun, illustrés de 60 gravures dont 48 hors
texte (*Poésie*, 1 vol. ; *Prose*, 1 vol.). Chaque vol., couv. remplíée. **15** francs
Relié toile ivoirine, **20** fr. ; reliure Bradel, **24** fr. ; demi-peau . . . **25** francs

Littérature
Études, histoire littéraire, etc.
❖ ❖ ❖

La Littérature française aux XIXe et XXe siècles, par Ch. LE GOFFIC, avec un appendice sur les *Ecrivains morts pour la patrie*, par Aug. DUPOUY. Tableau d'ensemble précis et complet du mouvement littéraire en France depuis le début du XIXe siècle, accompagné de *pages-types*. *Deux volumes* illustrés de 76 gravures, sous couverture rempliée, tranches rognées. Chaque volume.......................... **6 fr. 50**

Anthologie des écrivains morts pour la Patrie, par Carlos LARRONDE, avec préface de Maurice BARRÈS. Les plus belles pages de PÉGUY, PSICHARI, etc. Quatre brochures in-18. Chaque brochure. **1 fr. 25**

L'Ame de la France dans ses poètes, par P. VERRIER. **1 franc**

Comment on prononce le français, par Ph. MARTINON. Traité complet de prononciation. Un vol. in-12. Br., 6 fr. 50; rel. toile. **9 francs**

Littérature anglaise, par W. THOMAS, agrégé de l'Université. Un volume illustré, Broché, 3 fr.; relié toile souple .... **3 fr. 75**

Littérature allemande, par W. THOMAS. Un volume in-8o illustré. Broché .... **3 francs**

Histoire de la Littérature russe, par L. LEGER, membre de l'Institut. Un volume in-8o illustré. Broché, 2 fr.; relié toile souple.. **2 fr. 75**

Fleurs latines, par P. LAROUSSE. Explication des citations tirées de Virgile, Horace, Cicéron, etc. Un vol. gr. in-8o. Br., 18 fr.; relié. **30 francs**

Beaux-Arts
❖ ❖ ❖

Anthologie d'Art français : XIXe siècle (Peinture), par Ch. SAUNIER. *Deux volumes* in-8o, contenant 240 reproductions photographiques en pleine page. Chaque vol., broché, 7 fr. 50; relié toile. **10 francs**

Anthologie d'Art français : XXe siècle (Peinture), par Ch. SAUNIER. *Un volume* in-8o, contenant 128 reproductions photographiques en pleine page. Broché, 7 fr. 50; relié toile .... **10 francs**

Le Musée d'Art (voir plus haut : *Collection in-4o Larousse*).

Les Arts français. Collection publiée de 1917 à 1919 et présentant une documentation originale sur les arts appliqués en France à notre époque. Un vol. in-8o (18,5 × 26,5), illustré de nombreuses gravures et de hors-texte en noir et en couleurs, reliure genre Bradel....... **45 francs**

Rembrandt, par A. BRÉAL. Vie de Rembrandt et étude de son œuvre. Un vol. in-8o, illustré de 24 hors-texte. Br., 2 fr.; relié t. **2 fr. 75**

Puvis de Chavannes, par Léon RIOTOR. Sa vie, son œuvre, ses conceptions esthétiques. Un volume gr. in-8o, illustré de 32 hors-texte. **4 fr. 50**

Histoire et Géographie

o o o

Histoire de France illustrée (v. plus haut : *Collection in-4º Larousse*).

Histoire de France contemporaine (v. pl. haut : *Coll. in-4º Larousse*).

La France héroïque et ses Alliés (v. plus haut : *Coll. in-4º Larousse*).

L'Histoire de la France expliquée au Musée de Cluny, par Edmond HARAUCOURT, directeur du Musée de Cluny. Guide par salles et par séries, avec commentaires. Un volume in-8º, illustré de nombreuses reproductions photographiques hors texte. Broché.......... **7 francs**

Georges Clemenceau, sa vie, son œuvre, par Gustave GEFFROY, de l'Académie Goncourt, avec des pages choisies, annotées par L. LUMET. Biographie de Clemenceau, extraits de ses écrits et de ses discours, opinions et jugements dont il a été l'objet. Un vol. in-4º (22×28), illustré de nombreuses gravures en noir et en couleurs. Broché.... **20 francs**
Relié demi-peau .... **30 francs**
(Payable 7 fr. 50 par mois; au comptant, 5%)

La Marine française pendant la Grande Guerre, par G. CLERC-RAMPAL. Très intéressant historique du rôle trop peu connu de notre marine pendant la Grande Guerre. Un vol. in-8º, 90 grav. et 1 carte. Br. **7 fr. 50**

La Grande Mêlée des Peuples, récits héroïques de la Grande Guerre, par M. HOLLEBECQUE. Un volume in-8º, illustré de 4 hors-texte. Broché, 3 fr.; relié toile .... **6 fr. 50**

Histoire des Etats-Unis d'Amérique, par DAVID SAVILLE MUZZEY, traduction de A. de LAPRADELLE. Une histoire claire et documentée, des origines à l'élection du président Harding. Un volume in-8º de 744 pages, illustré de nombreuses gravures et cartes. Br., 25 fr.; relié.. **32 francs**

Histoire de Russie, des origines au commencement du XXᵉ siècle, par L. LEGER, membre de l'Institut. Un volume in-8º, illustré de 12 gravures et 2 cartes. Broché, 1 fr. 50; relié toile .... **2 fr. 25**

Atlas départemental Larousse, livre de références extrêmement documenté sur notre pays, donnant pour chaque département une carte de grandes dimensions, avec un texte très détaillé accompagné de nombreuses et fines gravures. Magnifique volume in-folio (33×45), 190 pages de texte, 100 cartes en six couleurs, 10 cartes en noir, 850 gravures photographiques. Relié toile amateur, titre or .... **55 francs**
(Payable 7 fr. 50 par mois; au comptant, 5%)

Géographie rapide de la France, par Onésime RECLUS. Un volume in-8º illustré. Broché, 2 fr.; relié toile.................. **2 fr. 75**

La France, Géographie illustrée (v. plus haut : *Coll. in-4º Larousse*).

L'Allemagne contemporaine, La Belgique illustrée, L'Espagne et le Portugal illustrés, La Hollande illustrée, Le Japon illustré, La Suisse illustrée (voir plus haut : *Collection in-4º Larousse*).

Sciences

○ ○ ○

La Science française. Ouvrage publié avec la collaboration de BERGSON, DURKHEIM, LAPIE, APPELL, BAILLAUD, BOUTY, de MARGERIE, MASPERO, etc. Introduction de Lucien POINCARÉ, directeur de l'Enseignement supérieur. Exposé, dû à la plume des plus éminents savants français de notre temps, de la part essentielle que la France a apportée au progrès scientifique. *Deux volumes* illustrés de nombreux portraits hors texte. Chaque volume, broché, **12 fr.**; relié toile........ **18 francs**

Qu'est-ce que la Science? par LE DANTEC. D'intéressants aperçus sur la science, dus à un savant qui fut un des esprits les plus originaux de notre temps. Un volume in-8º, illustré de 88 grav. Broché.. **3 francs**

L'Œuvre de Félix Le Dantec, par J. MOREAU. La méthode scientifique; les lois biologiques; les horizons philosophiques. Un volume in-8º, avec un hors-texte. Broché............................. **4 francs**

Initiation aux théories d'Einstein, par Gaston MOCH. Un volume in-8º, illustré de 10 gravures. Broché.............. **4 francs**

Histoire Naturelle illustrée, par J. COSTANTIN, L. JOUBIN, F. FAIDEAU et Aug. ROBIN (voir plus haut : *Collection in-4º Larousse*).

La Terre, géologie pittoresque, par Aug. ROBIN (v. plus haut : *Collection in-4º Larousse*).

La Terre, tableaux de géologie, par Aug. ROBIN. Deux tableaux synoptiques en couleurs, avec illustrations (I. *Les Formations sédimentaires.* — II. *Géologie de la région parisienne*). Chaque tableau, en feuille format colombier (63 × 80) .... **2 fr. 50**

La Mer, par CLERC-RAMPAL (v. plus haut : *Collection in-4º Larousse*).

Herbier classique, par F. FAIDEAU. 50 plantes caractéristiques des principales familles analysées et décrites. Un vol. in-8º, illustré de 162 grav. (reprod. photogr. et dessins d'après nature). Br., **3 fr. 50**; rel. toile. **6 fr. 50**

Topographie, par A. BERGET, directeur-adjoint du Laboratoire de Géographie physique de la Sorbonne. Traité complet de topographie, présenté sous une forme claire et accessible, tout en gardant toujours un caractère réellement scientifique. *(Grande médaille Janssen de la Société de Topographie de France.)* Un volume in-8º, 375 gravures. Br. **12 francs**

Le Miracle des Hommes : Helen Keller, par Gérard HARRY. Curieux ouvrage scientifique et philosophique sur la célèbre sourde-muette-aveugle. *(Couronné par l'Académie française.)* Un vol. in-16. Br. **5 francs**

Méthode Montessori : Pédagogie scientifique. Traduction de M.-R. CROMWELL, avec préface de P. LAPIE, Dr de l'Enseign. primaire. *Deux volumes* gr. in-8º, illustrés de nombreux hors-texte : I. *La Maison des Enfants*, broché, **18 fr.**; II. *Éducation élémentaire*, broché ... **32 francs**

La Voix professionnelle, par le Dr Pierre BONNIER, laryngologiste de la clinique médicale de l'Hôtel-Dieu. Leçons pratiques de physiologie appliquée aux carrières vocales. Un volume in-8º, illustré de 39 gravures. Broché, **3 fr.**; relié toile souple.................... **3 fr. 75**

Hygiène
et Médecine pratique

o o o

Larousse Médical illustré (v. plus haut : *Dictionnaires Larousse*).

Dictionnaire illustré de Médecine usuelle, par le Dr GALTIER-BOISSIÈRE. Ouvrage moins développé que le *Larousse Médical*, contenant les notions essentielles en fait d'hygiène et de soins à donner aux malades. Un vol. In-8° de 576 pages, 849 gravures. Broché.......... **18 francs**
Relié toile .... **24 francs**

Hygiène nouvelle, par le Dr GALTIER-BOISSIÈRE. Tout ce qu'il est essentiel de savoir sur les maladies contagieuses, les vêtements, l'habitation, etc. Un volume in-8°, illustré de 396 gravures. Broché.... **8 fr. 50**

L'Estomac, hygiène, maladies, traitement, par le Dr M.-A. LEGRAND. Un volume illustré de 14 gravures. Broché.............. **3 fr. 50**

L'Œil, hygiène, maladies, traitement, par le Dr VALUDE, médecin de la clinique nationale des Quinze-Vingts. Un volume illustré de 54 gravures. Broché, 3 fr. 50; relié toile............... **4 fr. 25**

L'Oreille, hygiène, maladies, traitement, par le Dr M.-A. LEGRAND. Un volume illustré de 74 gravures. Broché.............. **3 fr. 50**

Le Nez et la gorge, hygiène, maladies, traitement, par le Dr NEPVEU. Un volume illustré de 48 gravures. Broché, 3 fr. 50; relié toile. **4 fr. 25**

La Bouche et les dents, hygiène, maladies, traitement, par le Dr ROSENTHAL. Un vol. illustré de 28 gravures. Broché........ **3 fr. 50**
Relié toile .... **4 fr. 25**

La Peau et la chevelure, hygiène, maladies, traitement, par le Dr M.-A. LEGRAND. Un volume illustré de 63 gravures. Broché. **3 fr. 50**

Les Nerfs et leur hygiène, par le Dr GUILLERMIN. Un volume broché, 3 fr. ; relié toile............................ **3 fr. 75**

Les Maladies de poitrine, par le Dr GALTIER-BOISSIÈRE. Un volume illustré de 63 gravures. Broché, 3 fr. 50; relié toile...... **4 fr. 25**

Arthritisme et artério-sclérose, par le Dr LAUMONIER. Un volume broché, 3 fr. 50; relié toile........................... **4 fr. 25**

Précis d'alimentation rationnelle, par le Dr PASCAULT. Un volume broché, 3 fr. 50; relié toile........................... **4 fr. 25**

La Cuisine hygiénique, par Mme Cl. FAURE, avec introduction du Dr GUILLERMIN. Un volume broché...................... **3 fr. 50**

Pour élever les nourrissons, par le Dr GALTIER-BOISSIÈRE. Un volume illustré de 62 gravures. Broché, 3 fr. 50; relié toile ... **4 fr. 25**

Pharmacie domestique, préparation et emploi des médicaments, par Paul HUBAULT, pharmacien diplômé de l'École supérieure de pharmacie de Paris. Un volume illustré de 80 gravures. Broché... **3 fr. 50**

Livres d'intérêt pratique

○ ○ ○

Mémento Larousse. Petite encyclopédie de la vie pratique, contenant en un seul volume, classées méthodiquement, toutes les connaissances d'utilité journalière : grammaire, histoire, géographie, arithmétique, sciences, comptabilité, droit usuel, hygiène, savoir-vivre, recettes et procédés, etc. (*Vingt ouvrages en un seul*). Beau volume de 730 pages (format 13,5 × 20), 900 gravures, 82 cartes dont 50 en coul. Cart... **15 francs**
Relié toile, titre or.................................. **17 fr. 50**

Le Livre de la Jeune fille, par M. DOLIDON, M. MUNIÉ, Dr ROSENTHAL, Gabrielle et Léon ROSENTHAL, Maria VÉRONE. Mémento des connaissances pratiques nécessaires à la femme : organisation de la maison, cuisine, soins à donner aux enfants, etc. Un vol. in-8° illustré, cart. artist. **7 fr. 50**

La Cuisine et la Table modernes, guide de la maîtresse de maison, dû à la collaboration d'hommes du métier et donnant non seulement les recettes culinaires proprement dites, mais encore tout ce qu'une femme doit savoir sur le matériel de cuisine, le service de table, etc. Beau volume in-8° de 500 pages, 600 gravures. Br., **12 fr. 50**; rel. toile. **18 francs**

Coupe et confection, par Mme TAPHOUREAU-LAUNAY. Un volume in-8°, 311 grav. dont 160 modèles de patrons. Br., **5 fr.**; relié . **8 francs**

Le Dessin de l'artisan et de l'ouvrier, par E. CHEVRIER. Traité pratique de dessin industriel. Un vol. in-8° illustré. Br., **3 fr.**; rel. toile **3 fr. 75**

Peinture usuelle à la maison. Tout ce qu'il est utile de savoir pour opérer soi-même : outillage, badigeons, etc. Brochure in-8° ill. **1 fr. 50**

L'Electricité à la maison, par H. DE GRAFFIGNY. Indications pratiques pour procéder soi-même aux diverses applications de l'électricité, éclairage, sonneries, allumoirs, etc. Un vol. in-8° illustré. Broché.. **3 francs**

Le Guide mondain, par la Ctesse DE MAGALLON. Art moderne du savoir-vivre. Un volume in-8°. Broché, 3 fr.; relié toile..... **3 fr. 75**

La Chasse moderne, encyclopédie du chasseur, due à la collaboration de personnalités autorisées. Beau volume in-8° de 682 pages, illustré de 488 gravures. Broché, **18 fr.**; relié toile................ **25 francs**

Pour devenir bon chasseur, par P. GASTINNE-RENETTE et G. VOULQUIN. Conseils pratiques. Un volume in-8° illustré. Broché .... **4 fr. 50**

La Pêche moderne, encyclopédie du pêcheur, due à la collaboration de spécialistes. Beau volume in-8° de 600 pages, illustré de 680 gravures. Broché, **14 fr.**; relié toile......... **20 francs**

La Comptabilité commerciale, industrielle et domestique, avec notions sur le commerce, le crédit, les sociétés et la législation commerciale, par G. SOREPH. Un volume in-8°. Broché, 7 fr.; relié toile ... **10 fr. 50**

Champignons mortels et dangereux, par F. GUÉGUEN, professeur agrégé à l'Ecole supérieure de pharmacie. Un volume in-8°, illustré de 7 planches en couleurs. Relié toile souple.............. **3 fr. 50**

Agriculture

○ ○ ○

Larousse Agricole illustré, encyclopédie agricole en deux volumes (voir plus haut : *Dictionnaires Larousse*).

Almanach du Blé 1922, édité sous le patronage du *Comité national du Blé.* Conseils pratiques pour augmenter et améliorer la production du blé, **1 fr.** (franco .... **1 fr. 25).**

Les Ennemis des plantes cultivées *(Maladies — Insectes)*, par G. TRUFFAUT. Moyens de déterminer d'une façon simple et pratique, d'après l'observation des ravages causés, les ennemis et parasites des plantes ; remèdes à apporter dans les différents cas. Beau volume in-8°, illustré de nombreuses gravures et de 53 planches hors texte. Broché ... **12 francs**

BIBLIOTHÈQUE RURALE

L'Agriculture moderne, encyclopédie de l'agriculteur, par V. SÉBASTIAN. 671 gravures.................... *(En réimpression).*

Progrès en agriculture (conseils pratiques), par R. DUMONT. 92 gravures. Broché .... **4 francs**

La Ferme moderne, traité des constructions rurales, par M. ABADIE, 390 gravures et plans. Broché.................. **7 fr. 50**

Rotations et Assolements, par PARISOT. Br., **5 fr.** ; rel. **8 francs**

La Culture profonde, par R. DUMONT. 33 gravures. Broché. **4 francs** Relié toile.................................. **7 francs**

Les Céréales *(Culture raisonnée)*, par R. DUMONT. 116 gravures, 1 planche hors texte. Broché .... **9 francs**

Les Plantes sarclées *(Racines et tubercules)*, par R. DUMONT. 86 gravures, 2 planches hors texte. Broché .... **8 francs**

Les Sols humides, par R. DUMONT. 52 gravures. Broché. **6 francs** Relié toile.................................. **9 francs**

La Laiterie moderne, par WAUTERS et HAENTJENS. 75 gravures. Broché .... **4 fr. 50**

La Médecine vétérinaire à la ferme, par le Dr MOUSSU. 85 gravures. Broché .... **7 fr. 50**

Toute la Basse-Cour, par VOITELLIER. 59 grav. Broché. . **4 fr. 50**

Elevage en grand de la volaille, par PALMER. 15 gravures. Broché.................................... **3 francs**

L'Arboriculture fruitière en images, par VERCIER. 101 planches avec texte explicatif en regard. Broché.............. **7 fr. 50**

Le Pommier à cidre et les meilleurs fruits de pressoir, par E. FAU. 30 gravures et 32 planches. Broché, **5 fr.** ; relié toile. **8 francs**

BIBLIOTHÈQUE RURALE
(suite)

Viticulture en images, par VERCIER. 27 planches. Broché. **3 francs**

Le Jardin moderne, par P. BERTRAND. 103 gravures. Broché. **4 fr. 50**

Le Verger moderne, par P. BERTRAND. 193 grav. Broché. **4 fr. 50**

La Fumure raisonnée, par R. DUMONT. Trois volumes : *Légumes et cultures maraîchères,* br., 6 fr. ; rel., 9 fr. — *Arbres fruitiers et vigne,* br., 6 fr. ; rel., 9 fr. — *Fleurs et plantes ornementales,* broché. **4 fr. 50** Relié toile . . . . **7 fr. 50**

Apiculture moderne, par CLÉMENT. 154 gravures. Broché. **5 francs**

Pisciculture pratique, par HUMBERT. 125 gr. Br., 6 fr. ; rel. **9 francs**

L'Elevage pratique du gibier, par BLANCHON, 176 gravures. Broché, 7 fr. 50 ; relié toile . . . . **10 fr. 50**

Destruction des insectes et autres animaux nuisibles, par CLÉMENT. 400 gravures. Broché . . . . **4 fr. 50**

L'Eau pure, par LECOINTRE-PATIN. 119 gravures. Broché . . **7 fr. 50**

Le Secrétaire rural, par JULLIEN et LÉPÉE. Broché . . . . . **4 fr. 50**

BROCHURES LAROUSSE

Traitant de sujets moins généraux que la *Bibliothèque rurale,* les *Brochures Larousse* étudient une à une les spécialités agricoles, qu'il s'agisse de culture, d'élevage, de construction, etc. Succinctes et économiques, elles concernent plus spécialement les petits élevages et petites cultures de rapport.

52 brochures illustrées :

1º **Elevages :** Lapin. — Poule. — Poulet et poularde. — Oie. — Dindon. — Pigeon. — Canard. — Abeille. — Escargot. — Cheval de labour. — Bœuf. — Porc. — Vache et Veau. — Mouton. — Chèvre.

2º **Cultures :** Pomme de terre. — Haricot. — Chou. — Artichaut. — Asperge. — Betterave. — Salades et condiments. — Champignon. — Fraise. — Prunes et pruneaux. — Blé. — Luzerne. — Prés et pâtures. — Bois et boisement.

3º **Constructions :** Ruche et rucher. — Bâtiments ruraux. — Maison. — Matériaux de construction. — Maçonneries et hourdis. — Béton et ciment. — Pisé et clayonnages. — Charpentes et couvertures. — Logement des animaux. — Annexes rurales. — Reconstructions. — L'Arpentage à la portée du cultivateur.

4º **Industries :** Miel et cire. — Œuf. — Lait. — Beurre. — Fromage. — Conserves. — Boissons hygiéniques. — Vin. — Cidre et Poiré. — Engrais. — Richesses perdues.

Chaque brochure : **1 fr. 50**

Ouvrages
pour la jeunesse

◊ ◊ ◊

Les Livres roses pour la jeunesse. Les lectures les plus attrayantes, les plus saines et les plus variées, pour les enfants de six à treize ans : contes, légendes, récits de la vie moderne, etc., illustrées de nombreuses gravures dues au crayon de vrais artistes (depuis le n° 265, ces gravures sont tirées en couleurs). Deux volumes par mois (premier et troisième samedi). Le volume..................... 0 fr. 30
> Abonnement d'un an : France, 9 fr.; étranger, 10 francs.
> *Demander la liste des volumes en vente.*

L'Encyclopédie de la jeunesse (Qui? Pourquoi? Comment?). Une publication unique en France : tout le savoir humain mis à la portée des jeunes intelligences sous la forme la plus accessible, la plus nouvelle et la plus attrayante (*La Terre et son histoire; Tous les pays; Le livre de la Nature; Choses qu'il faut connaître; Pages à lire et à retenir;* etc.). Six beaux volumes de 720 pages (format 16×25), illustrés chacun de 900 gravures et de superbes hors-texte. Chaque volume, relié toile amateur, tête dorée.................. 26 francs
Les six volumes pris ensemble................... 150 francs
> *Payable 15 francs par mois (au comptant, 5 %).*

La Science amusante, par TOM TIT. Cent expériences instructives et amusantes, exécutées avec les objets usuels que tout le monde a sous la main, bouchons, allumettes, fourchettes, épingles, etc. (*Médaille d'honneur de la Société d'Encouragement au bien*). Un volume in-8°, illustré de nombreuses gravures. Broché..................... 7 francs
Relié toile........................... 12 francs

Deux cents Jouets qu'on fait soi-même avec des plantes, par V. DELOSIÈRE. Indications pratiques pour faire une foule de jouets ingénieux avec les plantes les plus communes. Joli volume in-4°, illustré de 200 gravures et 4 planches en couleurs. Cartonné........ 8 francs

Dansez, chantez, par CHAVANNES et ROUSSEAU. Chansons et danses mimées, avec accompagnements pour piano. Album in-4° illustré, tirage en deux tons. Broché.................... 5 fr. 50
Relié toile........................... 8 francs

A la belle Image. Poésies illustrées pour le jeune âge. Album in-4° illustré. Cartonné..................... 4 fr. 50

Trésor poétique, par LAROUSSE et BOYER. 300 morceaux de poésie empruntés pour la plupart aux poètes du XIXe siècle. Joli volume de près de 500 pages. Cartonné.................. 6 fr. 90

OUVRAGES POUR LA JEUNESSE
(suite)

La Geste héroïque des petits soldats de bois et de plomb, par George AURIOL. Un volume in-8º, illustré de 70 dessins d'André HELLÉ. Broché, 4 fr. 30 ; sur hollande.................................. **6 fr. 50**

Rabelais pour la jeunesse. Les amusantes aventures de Gargan-tua et de Pantagruel, mises à la portée de la jeunesse. Texte adapté par Marie BUTTS. *Trois jolis volumes (Gargantua, 1 vol. ; Pantagruel, 2 vol.),* avec illustrations en noir et en couleurs. Chaque volume, couver-ture en couleurs... **6 fr. 50**

Contes héroïques de douce France : *Flore et Blanchefleur, Berthe aux grands pieds,* texte adapté par Marie BUTTS, 1 vol. ; — *Roland le vaillant paladin,* texte adapté par Marie BUTTS, 1 vol ; — *Les Aventures de Huon de Bordeaux,* texte adapté par Marie BUTTS, 1 vol. ; — *Les Infor-tunes d'Ogier le Danois,* texte adapté par Marie BUTTS, 1 vol. ; — *Jeanne la Bonne Lorraine,* par J.-B. COISSAC, 1 vol. —Chaque volume, avec illus-trations en noir et en couleurs, couverture en couleurs....... **6 fr. 50**

L'Art, simples entretiens à l'usage de la jeunesse, par PÉCAUT et BAUDE. Excellent ouvrage d'initiation artistique *(Couronné par l'Académie fran-çaise).* Un volume in-8º, illustré de 140 gravures. Broché.... **10 francs** Cartonné, 12 fr. 50 ; relié toile.............................. **15 francs**

La Voix des Fleurs, par Clarisse JURANVILLE. Origine des emblèmes donnés aux plantes, souvenirs et légendes qui y sont attachés, etc. Un volume in-8º. Broché, 3 fr. ; relié toile.................... **4 francs**

La Nature en images, par F. FAIDEAU et Aug. ROBIN. *Quatre volumes.* illustrés d'un grand nombre de photographies et de planches en couleurs :
La Terre et l'Eau.................................... **10 francs**
Les Plantes et les Fleurs............................. **10 francs**
L'Homme et les Bêtes................................. **10 francs**

Le Fils à Guignol, par Claude HINOT. Petites scènes avec chants pour théâtre Guignol et théâtre de salon. *Deux volumes* in-8º, illustrés de nombreuses gravures. Chaque volume, broché............. **4 fr. 50** Relié toile... **8 fr. 50**

Théâtre d'éducation. Nombreux choix de pièces pour les deux sexes et les différents âges. Chaque pièce en un acte, 0 fr. 75 ; en deux actes, 1 fr. ; en trois actes... **1 fr. 50**
(Demander la liste détaillée)

Pièces tirées des Contes de Perrault et des Fables de La Fontaine, par Eugène GRANGIÉ (E. de SURGÈS) et Marie SOUDART. Sept charmantes brochures, illustrées de dessins originaux de F. FAU, pour enfants de 6 à 13 ans. Chaque brochure................... **0 fr. 75**
(Demander la liste détaillée.)

Saynètes et scènes comiques, par Emile GOUGET, pour jeunes filles et pour jeunes gens. Chaque numéro...................... **0 fr. 75** Chaque série de dix numéros............................. **6 fr. 50**
(Demander la liste détaillée.)

EN VENTE CHEZ TOUS LES LIBRAIRES

Paris. — Imp. LAROUSSE, 17, rue Montparnasse. — 655-722.

www.ingramcontent.com/pod-product-compliance
Lightning Source LLC
Chambersburg PA
CBHW031122210326
41519CB00047B/4367